双创背景下
体育院校大学生创新创业
路径研究

李文涛 / 著

九 州 出 版 社
JIUZHOUPRESS

图书在版编目（CIP）数据

双创背景下体育院校大学生创新创业路径研究 ／ 李文涛著. -- 北京 : 九州出版社，2024.1
ISBN 978-7-5225-2620-1

Ⅰ．①双… Ⅱ．①李… Ⅲ．①大学生－创业－研究 Ⅳ．①G647.38

中国国家版本馆CIP数据核字(2024)第042831号

双创背景下体育院校大学生创新创业路径研究

作　　者	李文涛　著
责任编辑	李　荣
出版发行	九州出版社
地　　址	北京市西城区阜外大街甲 35 号 (100037)
发行电话	(010) 68992190/3/5/6
网　　址	www.jiuzhoupress.com
印　　刷	永清县晔盛亚胶印有限公司
开　　本	710 毫米 ×1000 毫米　16 开
印　　张	11.5
字　　数	168 千字
版　　次	2024 年 2 月第 1 版
印　　次	2024 年 2 月第 1 次印刷
书　　号	ISBN 978-7-5225-2620-1
定　　价	58.00 元

前　言

伴随着国家对大学生创业支持、扶植政策法规的陆续出台，大学生创业掀起新的浪潮。为了激发大学生的创造力，培养造就"大众创业、万众创新"的主力军，教育部、团中央等部门先后推出了"中国互联网大学生创新创业大赛""挑战杯""科技创新大赛"等赛事，希望以赛事推动成果转化，促进"互联网＋"新业态形成，服务经济提质增效升级，以创新引领创业、创业带动就业，推动高校毕业生更高质量创业就业。各大高校也将大学生创新创业提到新的战略高度，积极促进大学生创新意识的培养和创业能力的提升。

其中，作为重要主体的体育类大学生重任在肩，在不断增长的体育服务需要面前，在经济体制深刻变革、社会结构深刻转型、利益格局深刻调整、思想观念深刻变化的时期，体育类大学生的创新创业面临着巨大的机会和挑战。现阶段，虽然体育类大学生的创新创业环境持续改善，各类支撑平台不断丰富。但受自身专业特点、学校教育现状等因素的影响，体育类大学生创新创业情况依然不容乐观。他们的创业导向、创业精神等很容易走入歧途，单一的专业优势在"全媒体"时代显得异常单薄，各级各类创新创业大赛中更是鲜有佳绩。鉴于此，对推进体育院校大学生创新创业开展的相关研究势不容缓。

本书主要围绕体育专业大学生创新创业相关问题展开，包括双创背景解读与创新创业内涵分析、双创背景下体育院校创新创业教育体系与发展、体育院校大学生创新创业的现状与发展前景、创新创业工作开展几个部分。本书深入分析了体育院校大学生创新创业的现状与主要问题、体育院校大学生创新创业的影响因素，从准备、实践、创新创业模式选择几方面入手提出了推动体育院校大学生创新创业发展的策略。

　　在撰写本书的过程中，笔者得到了许多专家学者的帮助和指导，参考了大量的学术文献，在此表达真诚的感谢。同时，由于笔者水平有限，书中难免会有疏漏之处，希望广大同行及时指正。

2022 年 9 月

目　录

第一章　双创背景解读与创新创业内涵分析

创新创业(简称"双创")是当前我国经济发展新常态下的重要战略抉择，打造"大众创业、万众创新"的新局面是推动我国经济发展调速不减势、增量质更优、实现经济提质增效升级的核心引擎。本章主要从双创理念的提出、政策分析、内涵挖掘以及与大学生职业发展等方面出发进行解读。

第一节　双创理念的提出

一、政策密集出台

2010年5月，教育部颁布了《关于大力推进高等学校创新创业教育和大学生自主创业工作的意见》，要求在高等学校开展创新创业教育，积极鼓励高校学生自主创业，培养学生创新精神和实践能力，以创业带动就业，促进高校毕业生充分就业。

2015年3月，国务院办公厅印发《关于发展众创空间推进大众创新创业的指导意见》，部署推进大众创业、万众创新工作。^①明确推进大众创新创业的基本原则是坚持市场导向、加强政策集成、强化开放共享、创新服务模式；重点任务是加快构建众创空间、降低创新创业门槛、鼓励科技人员和大学生创业、支持创新创业公共服务、加强财政资金引导、完善创业投融资机制、丰富创新创业活动、营造创新创业文化氛围。

2015年5月，国务院办公厅印发《关于深化高等学校创新创业教育改革的实施意见》，明确提出了高等学校创新创业教育改革的主要任务和措施，即完善人才培养质量标准、创新人才培养机制、健全创新创业教育课程体系、改革教学方法和考核方式、强化创新创业实践、改革教学和学籍管理制度、加强教师创新创业教育教学能力建设、改进学生创业指导服务、完善创新创业资金支持和政策保障体系。

2015年6月，国务院印发《关于大力推进大众创业万众创新若干政策措施的意见》，指出为改革完善相关体制机制，构建普惠性政策扶持体系，推动资金链引导创业创新链、创业创新链支持产业链、产业链带动就业链提出了具体意见。

二、政策深入展开

2015年9月，国务院印发《关于加快构建大众创业万众创新支撑平台的指导意见》，明确提出把握发展机遇，汇聚经济社会发展新动能；创新发展理念，着力打造创业创新新格局；全面推进众创，释放创业创新能量；积极推广众包，激发创业创新活力；立体实施众扶，集聚创业创新合力；稳健发展众筹，拓展创业创新融资；推进放管结合，营造宽松发展空

① 谢学锋，左媚.大学生创新创业基础教程[M].上海：上海交通大学出版社,2018.01.

间；完善市场环境，夯实健康发展基础；强化内部治理，塑造自律发展机制；优化政策扶持，构建持续发展环境等意见，共十部分、三十条。

2016 年 2 月，国务院办公厅印发《关于加快众创空间发展服务实体经济转型升级的指导意见》，指出为充分发挥各类创新主体的积极性和创造性，发挥科技创新的引领和驱动作用，紧密对接实体经济，有效支撑我国经济结构调整和产业转型升级，要推动众创空间向纵深发展。

2016 年 5 月，国务院办公厅印发《关于建设大众创业万众创新示范基地的实施意见》，指出为在更大范围、更高层次、更深程度上推进大众创业万众创新，加快发展新经济、培育发展新动能、打造发展新引擎，应按照政府引导、市场主导、问题导向、创新模式的原则，加快建设一批高水平的双创示范基地，扶持一批双创支撑平台，突破一批阻碍双创发展的政策障碍，形成一批可复制可推广的双创模式和典型经验。

2017 年 7 月，国务院印发《关于强化实施创新驱动发展战略进一步推进大众创业万众创新深入发展的意见》，进一步系统性优化创新创业生态环境，强化政策供给，突破发展瓶颈，充分释放全社会创新创业潜能，在更大范围、更高层次、更深程度上推进大众创业、万众创新。

2018 年 9 月，国务院印发《关于推动创新创业高质量发展打造"双创"升级版的意见》，要求深入实施创新驱动发展战略，通过打造"双创"升级版，进一步优化创新创业环境，大幅降低创新创业成本，提升创业带动就业能力，增强科技创新引领作用，提升支撑平台服务能力，推动形成线上线下结合、产学研用协同、大中小企业融合的创新创业格局，为加快培育发展新动能、实现更充分就业和经济高质量发展提供坚实保障。

2020 年，国务院办公厅出台《关于提升大众创业万众创新示范基地带动作用进一步促改革稳就业强动能的实施意见》，要求提升高校学生创新创业能力。支持高校示范基地打造并在线开放一批创新创业教育优质课程，加强创业实践和动手能力培养，依托高校示范基地开展双创园建设，促进科技成果转化与创新创业实践紧密结合。推动高校示范基地和企业示范基地深度合作，建立创业导师共享机制。支持区域示范基地与高校、企业共建面向特色产业的实训场景，加快培养满足社会需求的实用型技能人才。促进大学生加强数理化和生物等基础理论研究，夯实国家创新能力基础。

2021 年国务院办公厅出台《关于进一步支持大学生创新创业的指导意见》，针对大学生在创新创业实践中所面临的融资难、经验少、服务不到位等问题，提出了"优化大学生创新创业环境""加强大学生创新创业服务平台建设""推动落实大学生创新创业财税扶持政策""加强对大学生创新创业的金融政策支持"等一系列综合措施。

2022 年 5 月，国务院办公厅出台《关于进一步做好高校毕业生等青年就业创业工作的通知》，要求通过扩大企业就业规模、拓宽基层就业空间、支持自主创业和灵活就业多渠道开发就业岗位。要求落实大众创业、万众创新相关政策，深化高校创新创业教育改革，健全教育体系和培养机制，汇集优质创新创业培训资源，对高校毕业生开展针对性培训，按规定给予职业培训补贴。支持高校毕业生自主创业，按规定给予一次性创业补贴、创业担保贷款及贴息、税费减免等政策，政府投资开发的创业载体要安排30% 左右的场地免费高提供给校毕业生创业者。

第二节　双创政策分析

一、加强创业投资

大众创业、万众创新是国家经济社会发展不竭的动力，是发展中国家摆脱"人口红利"的自主力量。政府引导社会资金积极参与，形成巨大的创业资本力量，推进大众创业万众创新，使得创业创新更好更快更有效，从而推动经济发展提速增效。

《关于大力推进大众创业万众创新若干政策措施的意见》中非常明确地提出了扩大创业投资、发展创业投资服务，促进并实施四个维度的大众创业万众创新战略，加速我国经济竞争力的提升。其一，是基于国家高端科技成果的创业创新，给予财政和风险投资的金融支持，打造我国产业的高端化发展，构建引领我国经济发展的高端引擎。其二，是对于大量发明专利成果的创业创新，给予政府引导的风险投资金融支持体系制度和机制创新，促使我国产业结构升级，提升产业发展竞争力。其三，是基于就业性的创业创新，政府给予普惠性的财税支持，促进更多的人以创业带动就业，化解人口红利与就业量的矛盾。其四，是基于未来高端科技研发，设立国际研发基金，吸引聚集世界一流的人才来共同研究，从源头上掌握高端科技成果研发主动权，针对国际一流科技成果创业创新，设立国际化的天使投资基金，尽早抓住世界一流科技成果转移的机会，创造引领世界一流科技产业主动权。

不论是基于国家高端科技成果的创业创新，还是针对大量发明专利成果的创业创新或者是国际化进程的创业创新，均将面临整个创业创新过程的高风险挑战。

从静态的角度分析，创业创新的过程一般分为五个阶段，有五种典型的风险，即开发风险，我们能开发出产品吗？生产风险，如果能开发产品，我们能生产出来吗？市场风险，如果能生产产品，我们能销售出去吗？管理风险，如果能售出产品，我们能获得利润吗？发展风险，如果能管理公司，我们能发展壮大吗？

从动态的角度分析，这五种风险贯穿于整个创业创新过程中，它们组合形成的动态风险表现为创业创新技术经济过程系统风险多元的动态性、创业进程中技术经济系统风险开放的组合性、创业技术经济价值实现系统风险收益的期权性。

由于高风险的特性，高达 90% 左右的创业创新会失败，从而出现社会资本对创业创新敬而远之的"市场失灵"现象。因此，创业投资及其提供的增值服务，是帮助创业创新规避风险、创造价值的投融资机制。

创业投资除了提供资金之外，更为重要的是提供商业模式、市场开发、公司治理、再融资以及发展战略等增值服务，帮助创业创新提升科技创新的能力、商务模式更新及扩张的能力、公司治理构建及执行的能力、社会资本运用的能力和获得政府支持的能力，从而度过一个个风险及其风险的组合，提高创业创新的成功率。

二、优化创业环境

《关于强化实施创新驱动发展战略进一步推进大众创业万众创新深入发展的意见》中，从五大方面提出了 39 项措施举措，强化实施创新驱动发展战略，进一步推进"双创"深入发展。五大方面具体如下：

　　一是加快科技成果转化。重点突破科技成果转移转化的制度障碍，保护知识产权，活跃技术交易，提升创业服务能力，优化激励机制，共享创新资源，加速科技成果向现实生产力转化。

　　二是拓展企业融资渠道。不断完善金融财税政策，创新金融产品，扩大信贷支持，发展创业投资，优化投入方式，推动破解创新创业企业融资难题。

　　三是促进实体经济转型升级。深入实施互联网＋、中国制造2025、军民融合发展、新一代人工智能等重大举措，着力加强创新创业平台建设，培育新兴业态，发展分享经济，以新技术、新业态、新模式改造传统产业，增强核心竞争力，实现新兴产业与传统产业协同发展。

　　四是完善人才流动激励机制。充分激发人才创新创业活力，改革分配机制，引进国际高层次人才，促进人才合理流动，健全保障体系，加快形成规模宏大、结构合理、素质优良的创新创业人才队伍。

　　五是创新政府管理方式。持续深化"放管服"改革，加大普惠性政策支持力度，改善营商环境，放宽市场准入，推进试点示范，加强文化建设，推动形成政府、企业、社会良性互动的创新创业生态。

第三节　创新创业的内涵

一、创新的内涵

　　创新一词源于"创造"，但又超越了"创造"原有的界定，有着其自身独特的内涵，此处我们主要从创新的概念、形式等方面来了解创新的内涵。

（一）创新的概念

中文"创新"一词最早出现在《魏书》中："革弊创新者，先皇之志也。"之后，《周书》中也出现了"创新"一词："博采遗逸，稽诸典故，创新改旧，方始备焉。"《南史》中也有："今贵妃盖天秩之崇班，理应创新。"而到了唐代，"创新"一词便在文章中得以频繁使用。这些古籍中的"创新"多是改革制度的意思，与"革新"同义。英文中的"创新"（innovation）一词起源于拉丁语里的"innovare"，是"更新、制造新的东西或改变"的意思。

到了 20 世纪初，创新发展成为一种理论。1939 年，熊彼特在《商业周期》一书中提出了比较全面的创新理论："创新是新技术、新发明在生产中的首次应用，是建立一种新的生产要素或供应函数，是在生产体系中引进一种生产要素和生产条件的新组合。"[①] 熊彼特所说的组合主要包括产品创新、工艺创新、市场创新、资源开发利用创新、体制和管理创新等内容。这一说法忽略了商业上的初始创新，过于强调经济学上的意义。

之后，国内外的学者们纷纷从不同的视角解释创新的概念，其中最具代表性的主要有以下几种：

（1）创新是开发新事物的创造性过程，以发现潜在的市场需要为开端，以新事物广泛投入商业应用实现其价值为结束。

（2）创新是以已有知识或相关信息为基础，引进和创造某种有用新事物的过程。

（3）创新是接受和适应一个组织或一个相关环境的新变化的过程。

（4）创新是得到相关使用部门认可的新思想、新实践或新制造物。

---

① 洪柳 . 创新创业教育视域下高校公共事业管理专业实践教学体系改革研究与探索 [M]. 长春：吉林大学出版社 ,2018

在我国理论界对创新的概念有一个较为一致的看法，创新是新设想（或新概念）发展到实际和成功应用的阶段。

（二）创新的形式

一般来说，创新主要有以下几种形式：

1. 发现

所谓发现，是指"通过观察事物而寻找其原理或法则，即寻找已经存在但不为人知的规律、法则、结构和功能"。简单地说，发现是让那些已经存在、但过去不为人所了解的事物重新出现在世人面前，让人类产生新的知识。发现所要寻找或认识的对象是自然界的各种原理、规律以及社会发展规律。

2. 发明

所谓发明，就是以发现的原理为依据，制造或运用新的物质。发明又可以分为"基本发明"和"改良发明"。"基本发明"就是原创新产品，"改良发明"则是改进现有的产品使其具有新用途。

3. 革新

所谓革新，是指将原有的观念、习俗和制度全部变革，提出新的思想、观点、学说、艺术形式等。

二、创业的内涵

（一）创业的概念

创业有广义和狭义之分。

广义的创业泛指人类所从事的一切带有开拓意义的社会变革活动，它所涉及的范围非常广，无论是政治、经济，还是文化和艺术等，只要人们所从事的是以前没有从事过的事业，都可以称之为创业。

狭义的创业指的是社会上的个人或者团体为了创造财富所开展的社会活动。这种社会活动可能是其他个人或团体从事过的，但对于创业者本身来说，这种社会活动是其以往没有经历过的，是从头开始的事业。本书中所说的创业就是这种狭义的创业。

（二）创业的特点

一般来说，创业具有以下几方面的特点：

1. 利益性

创业者的创业也许出于多种目的，但根本的动力是获利，这也是创业者的共同心愿。没有利益驱动，人们就不会冒着风险去创业，创业过程中获利的多少也是创业成功与否的重要标志之一。

2. 风险性

对于创业者来说，他们所从事的创业活动是自己以前从来都没有从事过的，所以在创业的过程中需要进行不断地探索和实践。因此，创业具有一定的风险性，这种风险不以人的意志为转移。

3. 多样性

俗话说："三百六十行，行行出状元。"创业者在创业的过程中一定要注意创业的多样性特点，不拘泥于传统观念，不守旧，善于根据事业变化的具体情况，及时提出符合客观实际的正确思想、办法等，从而找到适合自己发展的正确道路。

4. 现实性

对于创业，创业者仅仅拥有创业的热情是远远不够的，创业必须以现实为基础，必须考虑到现实中存在的一些问题，没有现实作为基础，创业只能是空中楼阁。所以，创业者要想创造出属于自己的事业，必须冷静、客观地去分析现实中所存在的问题，脚踏实地，一步一个脚印地去开拓。

5.艰难性

选择了创业，就意味着选择了挑战。对于创业者来说，创业并不是一条平坦、笔直的大道，任何一个人在创业过程中都会体验到创业的艰难。尤其是白手起家的创业者，往往需要经过很多年的艰苦奋斗，甚至倾注大量的心血，创业才能成功。所以，创业者要有面对困难的思想准备。

第四节　创新创业与大学生职业发展

一、大学生职业教育的相关概念

教育部在《关于大力推进高等学校创新创业教育和大学生自主创业工作的意见》中指出："在高等学校开展创新创业教育，积极鼓励高校学生自主创业，是教育系统深入学习实践科学发展观，服务于创新型国家建设的重大战略举措；是深化高等教育教学改革，培养学生创新精神和实践能力的重要途径；是落实以创业带动就业，促进高校毕业生充分就业的重要措施。"随着"创业基础"课纳入本科必修，创新创业教育再一次成为教育研究的关注点。

创新创业教育以培养具有创业基本素质和开创型个性的人才为目标，是以培育在校学生的创业意识、创新精神、创新创业能力为主的教育理念。目的是通过创新创业教育的人才培养推进创新型经济发展和创新型国家建设，鼓励学生转变就业观念，将创新创业作为未来职业的一种选择。

　　大学生职业生涯规划教育是指大学生在校期间在教师的指导下有意识、有目的、有针对性地进行系统的职业生涯规划的过程。在这个过程中，大学生根据各自的兴趣、性格、价值观、知识结构、能力、身体情况等因素明确目标，为未来的就业和事业发展做好充分的知识准备、技能准备和心理准备。职业生涯规划的有无及好坏直接影响到大学期间的学习生活质量，更影响到求职就业甚至未来职业生涯的成败。

　　当前许多高校积极开展职业生涯规划教育和创新创业教育，以提高大学生的核心竞争力。将创新创业教育融入职业生涯规划教育中，一方面能够从低年级起就培养大学生的创新创业精神和意识，另一方面能够与以后的课程学习相结合，使学生有目的地寻找各种创新创业契机、锻炼综合素质、增强就业能力。

二、大学生职业生涯规划教育与创新创业教育的融合

　　大学生职业生涯规划教育可以有效地帮助大学生进行职业定位，创新创业教育是为了培养大学生的创新创业能力，二者有机联系在一起。大学生创新创业要依赖科学的规划，而职业生涯规划教育能帮助学生克服和规避创新创业中的艰难险阻，提高创新创业的成功率。

　　首先，职业生涯规划教育对大学生创新创业教育具有重要的意义。创新与创业能力的提高要依赖于职业生涯规划，职业规划合理、职业定位准确，大学生才能突破从众心理，捕捉机遇，敢于创新，大胆创业。创新创业不仅要靠胆量和勇气，更要依靠智谋、经验、社会责任感、人际沟通与交往能力等综合素质。

　　其次，创新创业教育能引导大学生主动进行职业探索。职业生涯不是一成不变的，是一个动态发展的过程。随着自我认知的深入，辅以对未来

职业的市场调查，大学生会对就业前景加深理解，从而对原有的职业规划做适当的调整或改变。创新创业教育就是要引导大学生主动地进行职业探索，积极地规划未来，以良好的心态在职业生涯发展中不断调整、更新、完善自我，适应外部职业环境的变化，使自身的职业规划与社会发展良好互动。

第二章　双创背景下体育院校创新创业教育体系与发展

本章主要介绍双创背景下体育院校创新创业教育体系与发展，从我国体育院校创新创业教育的目标定位、主要内容、平台设计、发展现状及对策几方面进行了剖析，提出了核心价值观引领下的体育院校创新创业教育改革与优化路径。

第一节　双创背景下我国体育院校创新创业教育的目标定位

体育院校应开展以人文素质为基础的普及型创新创业教育，在此基础上，对少部分自主创业热情高的学生实施提高型创新创业教育，其教育目标为培养创新精神，磨练创业品质，掌握一定的创业知识和创业技能，具备在相关领域进行自主创业的基本素质。

构成创新创业教育目标的四大要素在创新创业素质结构中均有其独立的地位和功能。创新精神是创业主体自觉进行创新实践活动的心理倾向，是创业素质结构中的物质基础和先天条件，包括创新意识、合作意识、竞争意识、风险意识和主动实践意识；创业品质是创业主体所应有的在创业实践活动中对其心理和行为起调节作用的个性特征，体现在自信心、肯吃苦、有勇气、有毅力和耐挫折等方面；创业知识是创业主体在创业实践活动中所具有的知识结构，包括创新知识、创业知识、专业知识和社会知识；创业能力是创业主体促使创业实践活动顺利进行的主观条件，包括专业技能和创业素质，如决策能力、经营能力、管理能力、沟通能力和社会生存能力。这四大要素既相对独立，又相互渗透，包含学生走向社会所需要的知识、能力以及智力和非智力因素。

第二节　双创背景下我国体育院校创新创业教育的主要内容

根据创新创业教育的目标定位，教育教学内容应包括创业素质、创业知识和创业实践三部分，三者相互联系、相互作用、相互补充，呈现出教育的普及性、针对性和实践性。

创业素质是从事创业活动应具备的基本条件。可通过开展形式多样的活动，培养创业意识，熏陶创业品质，磨练创业者特质。在此过程中促使学生转变就业观念尤为重要，要让学生认识到自主创业是知识经济下的社会需要，是自身生存的需要，是实现自我价值的需要。

创业知识是进行创业活动的理论指导。通过学习创业的基础知识和操作方法能够正确认识创业规律，理解创业过程和掌握创业的一般方法，减少创业的盲目性和风险性，能够把握创业机会、分析市场趋势以及进行理性的创业活动。同时，学习了解创业方面的相关法律法规和政策规定，提高守法意识和自我保护意识，了解获得支持与帮助的途径。

创业实践是创新创业素质的外显、创新创业知识的应用和形成创新创业能力并使创业走向成功的不可缺少的教育环节。目前，普遍认为造成大学生不敢尝试创业的主要原因是创业资本的缺乏。创业资本除了必须的启动资金外，更重要的是创业者应具备的创业实践能力。创业实践能力包括专业技能、职业技能、经营管理能力、社会生产本领和自我发展能力，这些能力素质培养既要贯穿校内外的各类教育活动中，同时还要开展有针对性的教育与学生自我教育。

学校要利用现有的资源提供更多的创新创业实践机会，有计划、有目的地安排以学生进行自我教育、自主训练为主的创新创业实践活动。让学生在实践中逐渐积累社会经验，学会如何发现和把握机遇，如何组建创业团队，如何进行市场调研、成本核算、产品生产和推销，如何应对风险和挫折等，从而增强创业运作能力。同时开展专业职业资格考核，作为对学生创业能力素质的综合检验，这是当代大学生顺利就业、择业、创业的基本保证。

第三节 双创背景下我国体育院校创新创业教育平台设计

在"大众创业，万众创新"的时代背景下，大学生已经成为创业主力军，同时也是促进经济发展的新动力。随着世界范围内科学技术的大发展，科技对人类生产、生活、学习和工作带来巨大转变。互联网时代的到来极大地激发了大学生学习、工作、生活及创新创业的积极性。因此，借助互联网平台技术，不断推进体育院校创新创业互联网平台建设已经迫在眉睫。

一、创业知识学习平台

根据创业者应具备的知识结构、心理品质与能力素质，开设以掌握创业基础知识和创业实务与操作技能的相关课程，以保证学生获得系统完整的创新创业教育。[①]创新创业教育课程可设为全院公共必修课和公共选修课两部分，纳入专业人才培养方案。在课程内容和计划进度上应遵循递进的原则，第一、二学年安排公共必修课程，第三、四学年安排创新创业教育选修课。

（一）创业基础知识必修课学习平台

设置创新创业教育的公共必修课程，主要讲授大学生创业面临的机遇与挑战、创业者特质、创业者基本素质、创业政策与相关法律法规、创业商业计划书、创业案例分析等。教学目标是让学生清楚创业者应具备的基本素质，掌握创业计划书撰写与商业计划制定的基本技巧，了解国家出台的相关政策法规。教育目标在于激发学生的创新思维与创业活动的欲望，培养其创新精神和创业心理品质，使其模仿成功创业者的行动、态度、习惯和战略以及培养其发现创业机会的能力素质。

（二）创业实务与操作技能选修课学习平台

围绕创业过程中的实务知识需要和操作技能，设置创新创业选修课程模块，学生根据个人意愿和毕业后的工作趋向，选择一个或多个模块学习，以获得完整的知识与技能。

模块一：商业计划与融资课程模块。课程内容包括商业计划、资金筹

---

① 刘振忠，周静 . 高等体育院校创新创业教育理论与实践探索 [M]. 成都：电子科技大学出版社 ,2017

措与管理、商业发展规划和商业运营许可证等。课程目标是使学生懂得商业计划的重要性，如何编写商业计划，并在创业实施前获得相关的创业知识，了解融资方面的基础知识和方法。

模块二：市场营销与策划课程模块。课程内容为市场竞争形势和创业者如何制定营销计划、具体的实施策略规划，以及营运与销售的基本谈判技巧和市场分析等创业知识。课程目标是使学生懂得如何制定市场营销计划，掌握基本的技巧和方法，提高创业能力。

模块三：企业管理与法律课程模块。课程内容为创业者在新建企业过程中的管理知识、创业所需要的法律知识以及创业型风险企业管理方法。课程目标是使学生在创业过程中遵循创业自身的发展规律，灵活地把握不确定因素，从而提升其养管理能力和维权意识。

二、创业模拟实训平台

建立全真环境下的创业模拟训练，让学生在亲身感受中体会创业过程，熟悉创业流程，提高实践动手能力。主要实训形式有课堂模拟创业训练和创业中心模拟实践演练。

（一）课堂全过程创业模拟训练

模拟训练法是从寻找创业商机开始到市场调研、确定创业项目、组建创业团队、制定创业商业计划、注册公司等整个过程。根据教学内容采取无角色模拟和角色模拟两种教学方法。

1. 无角色模拟创业

师生分析社会及本专业特点，共同商定若干类型的创业计划，探讨制定创业商业计划，规划出各个角色的能力素质，如职业技能、经营能力、管理能力、策划能力、沟通能力、交际能力、口头和文字表达能力等关键能力。而后学生自己进行角色谋划，设定想实现的规划设想，制定实施纲要，进行全过程实践操作。

2. 角色模拟创业

教师设计创业课堂环境，讲解演示创业技巧和操作流程。学生结合专业特点，在学习理论知识、技能及方法的基础上，根据自己的能力兴趣和爱好自由组织 5—8 人的模拟创新创业小组，选择具有一定商机的创业项目，制定商业计划方案，协调商定每个人的角色，设计公司的主要业务、经费来源、合伙人、人力资源的分配等前期准备，将方案提交教师审核批准后，进入模拟实战训练。从设计店面店名开始，到寻找店铺位置、招聘员工、讨论预算、设计开发广告、制定销售策略、预测销售目标、判断销售数额，并请有实际相关创业经验的专家进行点评，使创新创业教育真正融入到课堂理论教学中。

（二）活动中心的创业模拟实践演练

利用自身的优势建立场地不同、规模不等的虚拟创业演习场所，如体育科技开发活动室、商业服务活动区、体育技能交流场等，学生在教师指导下进行自主设计创业内容，可以进行模拟创办公司、小商品经营、技能传授、信息收集与公布或体育科技发明等商业活动，在亲身体验创业过程中得到创业的磨练熏陶。

三、创业商务实践平台

实践尝试平台就是依托学校资源和第二课堂开展创新创业教育活动，这是实现创新创业教育目标的主要途径和方法，对学生创新创业素质的形成具有决定作用。其一，创新创业实践活动从各个方面和渠道丰富着实践主体的知识、经验，提供了对知识信息进行迁移、比较、分析、综合、评价的机会，有利于创新创业实践主体对某一问题、项目甚至专业形成网络化的知识背景和综合能力。其二，创新创业意识和创业心理品质可以在实践中得到熏陶、磨练、形成和发展。其三，创新创业能力只有在实践中才能得以形成、发挥和提高。

（一）创新创业校内孵化基地的商务实践

体育院校结合自身优势，建立大学生创新创业园区和孵化基地，如科技开发创业园、商业服务创业园、信息技术创业园、体育服务中心、体育产品创新交流室等，学生以团队形式从事产品经营、技术发明、成果转让、体育服务等商业活动。同时，鼓励学生创立一些风险小、投资少、见效快的商业实体，学生可以从中体会创新创业的乐趣与艰辛，逐步培养与提高创新创业素质与能力。

（二）创新创业第二课堂的商务实践

第二课堂活动作为课内教学活动的有益补充和发展。[①] 它是一种最能体现创新创业教育特点和性质、最能激发学生个性潜能的不可缺少的方式，同时又能创造条件促进学生科技成果的转化，是提高学生创业素质和能力的有效载体。开展创业计划大赛、创意征文、市场调研、产品代销等活动，培养学生的创新意识、合作意识和风险意识；开展素质拓展训练、科技竞赛、勤工俭学、产品推销、公司应聘等活动，培养学生吃苦耐劳的作风和坚强的意志力；开展项目调查、社会服务、技能竞赛、演讲辩论、职业岗位实践等活动，培养学生的创业能力。

---

① 赵熙山.新时期高等学校学生工作研究[M].济南：山东人民出版社,2009

（三）创新创业社团的商务实践

　　高校团委、二级学院团总支或学生团体可以成立创新创业社团，开展辩论研讨、技能竞赛、体育辅导、商品经营等实践活动。同时，聘请校内外专家、学者、教授及企业界人士对学生活动进行指导、咨询和成果鉴定，通过参加形式多样的商务实践活动，提高学生的创业意识，掌握创业实践操作技能。

四、创业社会服务平台

　　创新创业教育不仅是学校的事情，还需要社会各界、学生家长的密切配合，才能有效发挥其特有的作用。人的能力素质只有通过特定的社会实践活动才能最终形成和发展。社会服务平台就是遵循面向社会、服务社会的人才培养思路，利用校内外体育产业资源如体育俱乐部、体育健身中心、社区活动中心以及其他公司企业，把学生放到变幻莫测的市场环境中，进行多元化的创业服务活动，提高创新创业素质。

（一）校企联合基地的创业服务

　　学校主动与一些企业、公司搭建培训、服务和项目孵化平台，建立"培训、学习、经营、创收"一体化的大学生创业服务体系。学生接受由企业管理人员组建的"创业导师库"指导，或者以"员工"的身份参与生产、销售、管理工作，熟悉取得经营资格的程序和筹措资金的渠道，清楚企业的筹建过程与运营方式，了解商业经营的经验与原则，以及防止违规操作等知识。

（二）市场调研的创业服务

　　组建创业小团队，分别到企业、公司、商场、社区等商业领域了解劳动力市场需求、行业发展状况、企业公司的运转与管理、产品或服务的市场需求状况、产品或服务市场定价、产品销售渠道及促销策略、如何规避创业风险，为确定创业项目与制定创业商业计划书提供详实的材料与数据。同时，使学生在认识职业、感受职业的过程中，提高专业技能，积累创业经验，学会如何发现和把握创业机遇，掌握市场调查、成本核算、产品生产和推销等创业技能。

（三）设岗指导社会服务

设岗指导社会服务就是让学生自由选取校内外人员作为辅导对象，利用课余时间对其进行体育知识传授与技术辅导。依据学生岗位指导人数和被指导对象的反馈评价等级，决定是否授予学生职业资格证书，作为毕业资格审查的一项重要标准。这种根植于社会环境下的设岗服务，将在满足大学生创业实践需求的基础上促进学生的发展，有利于提高学生专业实践能力、做好职业生涯规划。

第四节　我国体育院校创新创业教育的现状及发展对策

一、我国体育院校创新创业教育的现状

（一）我国高校体育产业创新创业教育机制

双创教育工作的开展涉及多个层面，课堂教学、课外实践、扶持保障、宣传激励等各项工作环环相扣。只有合理规划各项机制、完善双创生态系统、营造创新创业氛围，才能切实有效地推进双创教育的开展。下面我们

从培养、保障、宣传三个方面来介绍我国高校体育产业创新创业教育机制。

1. 培养机制

随着我国双创教育工作的持续探索，双创课程呈现多样化的形式，包括线上慕课学习、线下授课、举办实训营、参加双创比赛等，形成了线上线下课程相互补充、基础知识与创业实践有机结合的培养机制，有效促进了学生创业精神、创业能力的培养。

（1）线上线下课程

①教材标准

课程是对高校学生进行创业教育的主渠道，《普通本科学校创业教育教学基本要求（试行）》（以下简称《要求》）对创业课程设置有明确说明，要求各高校创造条件，开设"创业基础"必修课，将创业教育和专业教育有机融合。根据《要求》，教育部组织相关专家编写了"创业基础"教学大纲为各高校提供参考，大纲对课程性质与教学目标、课程要求与教学方法、课程内容与教学要点给出了清晰的规划。通过"创业基础"课程的学习及课外的创业实践，学生应掌握与创业相关的基本知识，包括对创业机会的识别与评估，提高对机会价值和风险的判别能力，掌握创业资金、资源筹集的方法途径及行为技巧，对创业未来发展有较明确的规划，具备商业计划书写作的基本能力，掌握新企业开办和管理的注意事项。

就课程内容设置而言，创业、创业精神与人生发展部分是使学生对创业有正确理性的认知，理解创业对个人职业生涯和社会发展的价值，培养创新创业精神。创业者与创业团队部分通过对创业者所需的基本素质及创业团队建设的方法论进行介绍，让学生形成对创业者的理性认识，并掌握创业团队建设管理的基本方法。创业机会与创业风险部分通过对创业机会识别方法的介绍，培养学生对市场的敏感度，对创业机会的价值和风险进行综合判断，并制定合理灵活的商业模式。创业资源部分对资源获取的方法途径给出系统性的介绍，使学生对创业融资、资源整合方法及技巧策略有基本的认识，提高对资源获取能力的重视度。创业计划部分是让学生了解创业计划的重要性，并掌握创业技术的撰写方法。

《创业基础》课程大纲作为创新创业教育的基础课程、对创业机会识别、评价到初步实践等一系列理论进行系统性地介绍，有助于学生形成对创业全过程的基本认知。

为了全面提升本科创新创业类教材质量，发挥教材在提高人才培育中的基础性作用，教育部在 2014 年开展了"十二五"普通高等教育本科国家级规划教材（以下简称"规划教材"）第二次推荐遴选工作。其中，共有 6 本关于创新创业的教材入选规划教材，内容涵盖创业学概论、创业基础、创业管理等方面。创新创业类规划教材的评定有利于发挥创新创业精品教材的示范性作用，提高创新创业教育质量。

②精品慕课

在线课程是开展创新创业教育的重要形式，教育部持续颁布有关促进高校在线教育课程建设的相关文件，为双创慕课的打造提供了良好的发展氛围，推动了一批双创类精品慕课的出现。将在线开放课程纳入学分管理，在官方层面认定慕课在教学体系中的重要性，有效激发了高校学生修读双创类在线课程的积极性。

双创类慕课覆盖面广，涵盖创业计划、创业投资、创业管理、创业法学等多个创业创新环节，为学生选修双创类在线课程提供了丰富而便捷的路径。

（2）创新创业实践

①双创基地建设

除了通过课堂教学教授创新创业的基本理论知识外，参与创新创业社会实践同样是进行双创教学的重要途径。《普通本科学校创业教育教学基本要求（试行）》中指出，创新创业的教学方法应涵盖课堂教学、课外活动和社会实践三个方面，各高校应充分利用校内外的各种资源，与企业、创业园区、科技园区建立合作关系，建设创新创业校外实践基地，积极开展学习参观、市场调查、项目设计、成果转化、企业创办等创业实践活动。

为了加快推动创新创业实践基地的建设发展，教育部、科技部共同组织"高校学生科技创业实习基地"（"双实双业基地"）建设。2009 年开始基地试点建设工作，依托 11 家"国家大学科技园"建设了"高校学生科技创业实习基地"，作为大学生进行创新创业实践的场所，为大学生创业实践提供了良好的条件环境和支撑服务。在总结试点经验的基础上，为进一步发挥创新创业实践基地对双创人才培养的作用，规范基地实际运行、管理程序，教育部、科技部研究制定了《高校学生科技创业实习基地认定办法（试行）》（以下简称《办法》），并于 2010 年 4 月正式印发，《办法》明确了"双实双业基地"的认定标准，将基地依托主体拓展到高新技术产业开发区和其他科技园区，所认证的基地应建立完善的管理服务体制，满足高校创新创业对基础设施、工作场地的需求，并提供房租减免等优惠政策，为高校开展双创实践提供强有力的底层支撑。

教育部、科技部是"双实双业基地"的组织管理部门，具体工作由教育部科技司、科技部高新司落实，各省、自治区、直辖市、计划单列市及新疆生产建设兵团等地方的教育、科技行政部门是本行政区"双实双业基地"的主管部门，根据当地的实际发展状况，积极落实国家相关政策，并做好监督、检查等配合工作，"双实双业基地"，如高新技术产业开发区、大学科技园等，作为实际依托单位，应构建符合高校学生特点的管理体系，完善基地的管理体制、运行机制，为高校学生创新创业活动的开展提供服务。

②双创大赛开展

双创赛事是开展创新创业实践的主要途径，是深化我国高校创新创业教育改革的重要载体。"互联网＋"大学生创新创业大赛、"挑战杯"创新创业等大赛的举办，极大地激发了高校学生进行双创活动的热情，展示出高校开展创新创业活动的成果，有效促进了项目端、资金端和市场端连接，成功孵化了一批优秀的创新创业项目，对我国高校学生创新创业起到了明显的带头作用。

2. 保障机制

（1）资金保障

初始资金对于大学生创业者来说具有重要意义，因此创新创业基金及相关优惠政策极为重要。我国高校创新创业的资金保障主要有以下形式：一是为高校学生创新创业投资提供便利，在工商登记、税费减免、创业贷款等方面开辟"绿色通道"；二是设立大学生创新创业教育专项基金，推动各地高校多渠道统筹安排资金，资助大学生创新创业项目。由于第一类保障方式主要通过制定相关政策实现，故将在下文的政策保障一节中进行统一叙述。

在"万众创业，大众创新"的号召下，多部门设立了相关基金，以保障创新创业工作的开展。教育部会同财政部在中国教育发展基金会设立了大学生创新创业教育专项资金，"十三五"期间每年拿出 5000 万元用于支持高校开展创新创业教育。共青团中央于 2009 年发起中国青年创业就业基金会，并设置"裕元创新创业公益基金""中国青年体育创新创业基金"等专项基金，共青团中央还组织开展创新创业赛事及活动，助推青年创新创业发展。此外，一些非官方的创新创业联盟也设立了相关基金，为高校学生创新创业提供资金支持。

在高校层面，各体育院校也设立了校级创新创业基金，鼓励和帮助学生开展双创实践活动。高校双创基金主要有企业合作、政府支持两种途径，高校与相关企业建立合作关系，设立创业基金，支持学校创业工作的开展。如北京体育大学与赫石体育文化公司在学校设立的"赫石创业基金"、上海体育学院由创业校友捐赠的"励攀"创业基金。政府支持也是高校创业资金的重要来源，如武汉市推行"青桐计划"，为优秀创业项目提供资金扶持；黑龙江省设立大学生创新创业投资引导基金，支持省内优秀大学生双创项目。

（2）政策保障

为保障大学生进行创新创业活动，教育部及其他部门推动制定了涉及行政手续、金融优惠、教学制度等方面的政策文件，从不同维度提供了切实保障。税费、贷款利息等费用优惠减少了创业初期的资金负担，管理制度改革为高校学生创新创业提供了更为宽松的氛围，学籍管理、课程学分认证等工作都有了更为灵活的管理方式。

3. 宣传机制

（1）荣誉评选

教育部从 2016 年开始了创新创业示范高校的各项评选活动。荣誉评比从组织领导、创新创业教育和创新创业实践等维度对各高校双创教育开展状况进行全面评估，详细考察人才培养方案、双创课程设置、教学管理制度、师资队伍建设及实践平台建设情况，深入挖掘并推广宣传高校在深化教育改革和促进创新创业工作方面的成功做法，发挥典型经验高校的示范带动作用。荣誉评选项目包括大众创业万众创新示范基地、全国创新创业典型经验高校、深化创新创业教育改革示范高校、全国高校实践育人创新创业基地等。

（2）宣传引导

教育部积极开展双创政策解读和典型宣传，通过创办就业创业类杂志、印发双创政策宣传手册等方式，多渠道介绍和引导大学生创新创业。

《中国大学生就业》开辟创新创业专栏，介绍大学生就业创业各项政策，交流大学生就业创业工作经验。此外，还组织开展与创新创业相关的优秀论文评选活动，论文涉及大学生创新创业的基础理论研究、创新创业教育研究、创新创业指导与服务研究和创新创业实践研究等方面，展现了创新创业一线工作人员的研究成果，为大学生就业指导及创新工作提供了借鉴，推动了大学生就业创业理论研究。

为了使高校学生充分了解大学生创新创业优惠政策及流程手续，2015年11月，教育部高校学生司、国家工商总局个体司联合发布《大学生自主创业宣传手册》，对大学生自主创办企业流程、创业扶持政策等各项各级文件进行了系统梳理。《手册》分为两部分：一是介绍了个体工商户、个人独资企业等5种市场主体类型；二是对国家制定的大学生创业可享受的包含税收优惠、创业担保贷款和贴息等12项优惠政策进行了汇编，大学生创业还可享受培训补贴、免费创业服务、取消高校毕业生落户限制等。此外，教育部还编发了《高校毕业生就业创业政策百问》《大学生创业典型人物事迹汇编》等读物，宣传创新创业政策典型和事迹，营造了创新创业的浓厚氛围。

（二）中国高校体育产业创新创业教育制度

深化高校创新创业教育改革是实施创新驱动发展战略、促进高等教育综合改革的迫切需要。为了更好地保障高校创新创业活动的开展，教育部等部委不断完善相关政策，提供良好的制度保障。我们以创新创业教育的不同主体为出发点，整理分析与之相适应的政策制度，尝试探求创新创业教育在人才培养、教学队伍建设及协同合作层面上的制度安排和发展方向，以此探讨整个创新创业教育的运行方式。

1. 双创人才培养制度

（1）普通高等学校学生管理规定

《普通高等学校学生管理规定》是规范引导普通高校学生管理的重要文件，对高校人才培养方式具有风向标的作用。随着高等教育综合改革的不断深化，原有的一些内容和条款需要进行相关调整，以更好地适应经济社会的发展。教育部于 2017 年 2 月 4 日发布新版《普通高等学校学生管理规定》（以下简称《规定》），并于 2017 年 9 月 1 日起施行。

新《规定》鼓励学生创新创业，为高校学生创新创业提供制度和改革支持，着力强化高校自我监督机制，要求高校建立更为灵活的学习制度和适应自身特点与需要的学生管理制度，支持学生投入创新创业实践活动当中。

（2）本科专业类教学质量国家标准

2018 年初，教育部发布《本科专业类教学质量国家标准》（以下简称

《标准》），明确了各专业类创新创业教育目标要求及课程要求，为继续深化高校创新创业教育改革提供了工作指南。

《标准》对各院校有关创新创业教育的具体开展制定了相应的规范，包括双创教师资质的要求、创业实践平台的建设情况。《标准》要求承担创新创业教育课程的教师应具有相关的体育教学能力和行业企业工作经验。高校应借助社会资源加强创业教育实践平台建设，有条件的高校和院（系）要建设专门的创业实验室和训练中心。

高等学校体育学类本科专业教学质量国家标准作为集中制定的 92 个本科专业类教学质量国家标准之一，明确了体育学类本科专业内涵、学科基础、人才培养方向，对规范专业准入、建设和评估，全面深化体育学类本科专业综合改革，进一步提高体育人才培养质量具有重要的意义。体育学类专业国家标准中创新创业相关条目介绍，如表 2-1 所示：

表 2-1 体育学类专业国家标准节选

国家标准类型	相关内容
培养目标与规格	在对创新创业能力要求方面指出，就体育学类本科专业的 5 个基本专业和 2 个特设专业而言，应培养学生的创新创业能力，并结合各专业的特点，做到分类实施、有的放矢
学制、学分与学位	学制一般为 4 年，实施学分制的学校根据学分获取情况，允许学生提前或者延迟毕业，学习年限原则上为 3—5 年，总学分为 140—170 学分，各高校可根据实际情况做适当调整
课程体系	课程设置注重培养规格中的素质、知识和能力，体育学类本科课程体系主要由通识教育课程、专业教育课程和实践课程组成，实践课程应涵盖创新创业实践

专业师资	承担创新创业教育课程的教师，应具有相关的教育教学能力和行业企业工作经验
教学条件	各高校应借助社会资源，加强创业教育实践平台建设，有条件的高校和院（系）要建设专门的创新实验室和训练中心
质量管理	围绕各质量保障目标要求，制定质量保障实施意见，建立信息反馈机制和调控改进机制

2. 教学队伍建设制度

双创教师队伍向高校学生输出双创知识并提供指导，其知识储备、教学水平等都对双创教育开展有显著影响。教育部通过一系列的制度助推教师投身到双创教育的研究工作中，并提供相应的政策保障。

为深化高等教育领域综合改革，破除束缚高校教师发展的体制机制障碍，教育部先后印发了《教育部关于深化高校教师考核评价制度改革的指导意见》（以下简称《意见》）等多项制度，从教师年度考核制度、科技成果转移转化制度、双创教师队伍培养制度等进行更新完善。

《意见》强调了科技成果转移转化中对教师权益的认定，从教师人事管理指导、科技成果利益分配制度等多方面进行完善，认可高校教师在创新创业中的付出，规范了以往创新创业成果权属不清、利益分配不均的情况，保护了高校教师正当权益，对高校教师参与双创教学起到了激励作用（表2-2）。

表 2-2 双创教师队伍建设相关制度梳理

政策文件	相关内容
《教育部关于深化高校教师考核评价制度改革的指导意见》	建立健全教学工作量评价标准，将教师开展创新创业教育指导工作计入教育教学工作量，并纳入年度考核内容
	完善对科研成果转化业绩的考核，落实高校教师离岗创业的各项政策，鼓励教师参与产品、技术创新，推动科研成果转化，保护教师在科技成果转化中的合法权益
《关于加强高等学校科技成果转移转化工作的若干意见》	完善有利于科技成果转移转化的人事管理制度。允许教师在完成既定工作后前往企业兼职或自主创业，建立和完善科技人员在岗兼职、离岗创业和返岗任职制度，鼓励高校聘请实践经验丰富的课外导师从事教学科研工作
	鼓励国家大学科技园组织有创业实践经验的企业家、高校科技人员和天使投资人开展志愿者行动，为学生提供创业辅导和相关技术支持，组织编写高校师生创新创业教辅材料，宣传成功案例
《促进高等学校科技成果转移转化行动计划》的通知	创新科技成果转移转化新型孵化模式，建立各种形式的"创新创业俱乐部"，发挥创新资源聚集优势，为师生创新创业提供各项支持和配套服务
	推动创新创业实践活动开展，组织高校青年教师和高年级研究生深入地方、企业一线，开展创新创业活动，探索并打造具有高校特色的"师徒创新创业"新模式

3. 产学合作项目制度

创新创业教育的开展需要多方广泛参与，高校、政府、企业协同合作才能不断提高创新创业教育质量和人才的综合素质。《关于深化高等学校创新创业教育改革的实施意见》对创新人才培养机制提出明确的指示意见，提出要推动校校、校企、校地、校政及国际合作，建立各方协同育人机制，完善人才培育。2017 年 12 月，国务院办公厅印发《关于深化产教融合的若干意见》，以国务院办公厅名义发布关于产教融合的纲领性文件，推动教育综合改革。

为贯彻落实发展方针，自 2014 年起，教育部高等教育司积极组织国内外知名企业与高校合作，开展产学合作育人项目，2015 年项目更名为"产学合作专业综合改革项目"，成为国家大学生创新创业训练计划联合基金项目。从 2016 年开始"产学合作专业综合改革项目"实施周期由一年一批次变更为一年两批次，使更多大学生可以获得项目红利。从 2017 年开始项目更名为"产学合作协同育人项目"，影响力持续增大。在不断探索中，高校和企业之间的合作项目也日益深入，涵盖教学内容和课程体系改革、新工科建设、创新创业教育改革、大学生实习实训、师资培训、校外实践基地建设以及创新创业联合基金等多个领域。2020 年 1 月，《教育部产学合作协同育人项目管理办法》发布，进一步加强和规范项目管理，指导各级教育行政部门、高校、企业等机构参与项目，提升立项质量，实现高校人才培养与企业发展的合作共赢。

在国务院印发的有关我国体育产业发展的指导意见中，同样强调了加强多方协作的重要性，鼓励高校、政府和企业加强在人才培育、技术研发、双创服务等方面的协同合作，多渠道培养复合型人才，助推体育产业的创新发展（表 2-3）。

表 2-3 关于推进体育产业协同创新的有关要求汇总

政策文件	相关内容
《国务院办公厅关于加快发展体育产业的指导意见》（国办发〔2010〕22 号）	鼓励多方投入，开展各类体育教育培训，多渠道培养既懂经济又懂体育的复合型体育产业管理人才。有关高等院校要积极推进教育教学改革，优化专业和课程设置，培养适应体育产业发展需要的专门人才
《国务院关于加快发展体育产业促进体育消费的若干意见》（国办发〔2014〕46 号）	完善政府、用人单位和社会互为补充的多层次人才奖励体系，对创意设计、自主研发、经营管理等人才进行奖励和资助。加强创业孵化，研究对创新创业人才的扶持政策。鼓励退役运动员从事体育产业工作
《国务院办公厅关于加快发展健身休闲产业的指导意见》（国办发〔2016〕77 号）	充分利用运动员创业扶持基金，鼓励退役运动员创业创新，投身健身休闲产业。大力推进商事制度改革，为健身休闲产业提供良好的准入环境。开展体育产业创新创业教育服务平台建设，帮助企业、高校、金融机构有效对接。鼓励各地成立健身休闲产业孵化平台，为健身休闲领域大众创业、万众创新提供支持
《国务院办公厅关于加快发展体育竞赛表演产业的指导意见》（国办发〔2018〕121 号）	加强体育产业创新创业教育服务，帮助企业、高校等有效对接。创新人才培养机制，支持有条件的高等院校设置相关专业和课程。鼓励退役运动员投身体育竞赛表演产业。重视和鼓励新型转播技术、安全监控技术、人工智能等高新技术在体育竞赛表演产业中的应用
《国务院办公厅关于促进全民健身和体育消费推动体育产业高质量发展的意见》（国办发〔2019〕43 号）	推动智能制造、大数据、人工智能等新兴技术在体育制造领域应用。鼓励体育企业与高校、科研院所联合创建体育用品研发制造中心

二、体育院校创新创业教有发展的应对策略

（一）树立创新创业教育理念

创新创业教育作为一种全新的人才培养模式，其关键是将理念始终贯穿在每个教育者和受教育者的头脑中。有学者探讨到体育院校应树立科学的理念，以培养创新创业型人才为使命，在教育过程中重视创新思维训练、创业意识的培养以及创业素质与创新能力的形成，从而提高创新创业教育的效果。还有学者指出，体育院校应结合学生的实际情况，树立与专业融合的创新创业教育观念，开展普适性教育。另外在思想以及行动上对创新创业给予充分的重视，学校定期举办相关培训会议，邀请相关专家进行讲座，分享创新创业的成功案例，来加强校方领导、教师、学生观念的改变。因此，高等体有院校应转变办学思路与教育理念，以创新创业教育为中心，将专业对口的静态就业观转变为创新创业的动态就业观。

（二）完普创新创业教育课程体系

课程教学是人才培养最为基础和关键的环节，而完善课程体系是深化创新创业教育改革的核心。有学者认为，构建学科、活动与隐性课程体系等"三位一体"的创新创业教育课程模块对推动体育院校应用型转变将起到关键作用。首先，体育院校应在课程教学平台上构建专业知识体系，设置必修与选修两门课程，其中必修课程有创业案例教学、创业行为教学、体育发展现状、撰写创业计划、进行社会调查等。而选修的主要课程有商业计划、市场营销、企业管理、法律课程、商务谈判等。其次，应当构建创业模拟模式，通过模拟企业融资、发展、管理的全过程提升学生的创新能力。另外，在课程设置上引入"互联网＋"创新创业教育专门课程体系

来优化人才培养方案。最后，在课程的类型上设置必修、选修、专业、讲座、体验五大类课程，有利于提高学生创新创业的综合能力。

（三）搭建创新创业教育实践平台

平台的搭建不但为学生提供实践的机会，同时也是学生能力的重要发掘地。体育学院应该依托自身的优势与特色成立创业园区、孵化基地、教学实验平台、社会服务平台、社团活动平台提升学生的创新创业素质。在实践平台的塑造上，以项目化的方式整合校内资源，构建政府、学校、企业三方位联动机制，搭建训赛结合的"双创"能力多维实践平台。还有学者认为，体育院校以组织创新创业设计大赛和完善校外社会实践与企业联合搭建教育平台等方式来提升创新能力，通过搭建竞赛、服务、实践等平台为学生提供先进的创新创业环境。

综上所述，创新创业教育既体现了技能的培养又体现了素质教育，二者在相互协调发展的基础上培养学生的创新意识、创新能力、创新素质。因此，从创业认知、教学方法、师资队伍、课程完善、实践平台等多个方面建立适合体育院校的创新创业教育体系势在必行。

第五节　核心价值观引领下体育院校创新创业教育的改革与优化

党的十八大报告"把立德树人作为教育的根本任务"，可见德育的重要性。创新、创业作为战略举措多次由国务院办公厅下文提出指导意见，自十八大以来"创新"在习近平同志的讲话和报道中出现超过千次，创新创业的重要程度可见一斑。当前已步入互联网＋时代，各种文化传播更为迅猛、相互碰撞，这种背景下实施创新创业教育需要正确的德育引导，尤其是青少年处于人生观、价值观发展成型阶段，其创新创业教育离开德育引导，将变成无本之木、无源之水。

一、从难出发——融入育人的全过程

德育融入人才培养全过程，看似简单，实则非常困难。全面融入不是简单地在课程体系中增设几门大学生创业教育课程。在调研过程中部分高校只是在课程体系中增加了几门课程，如"创新思维""大学生就业指导"等，而承担此类课程的老师专业知识也相对缺乏，有些是临时培训上岗，效果可想而知。所以，德育要抓住立德树人的根本任务，把教育过程贯穿于整个学习生涯各个环节。

一是以德育课程体系为抓手。德育课程是最能直接实现、影响最直接的载体，高校要建立以必修课、选修课等形式的课程体系，如"两课"、创新思维课、就业指导课和素质教育课程等，在创新创业学习过程中，对学生进行爱国主义教育、集体主义教育、传统文化教育、时政教育的同时，引导其树立正确的人生观、价值观，建立事业心、责任心、增强文化自信。为学生创新创业打好坚实的思想道德素质基础，增强其对社会的适应和辨别能力，培养坚韧不拔的个性心理品质，促进心智体美的协调、全面发展，使其能够脱颖而出，走上成功之路。通过心理咨询、就业咨询等课程，为大学生就业、创业提供可靠的指导和咨询，转变学生的择业观念，引导学生走从基层做起、从小做起、科技创新、自主创业的成才之路，通过创业理论等课程的开设，使学生掌握创业所需的综合知识，为学生创业提供理论基础。

二是充分利用第二课堂、社会实践、校企合作平台、创新创业大赛、网络平台等契机。校园创新创业大赛、社会实践、校园科技活动、各种社团活动是课堂教学的延伸和补充，也是加强创新创业教育和德育的重要阵地。第二课堂活动可以围绕创新创业、德育主题积极开展活动，鼓励和支持学生参加各级各类创新创业大赛和科技大赛，如"国创"、"大学生科研计划项目"等。利用校企合作平台、德育基地等组织学术报告、讲座，组织现场教学，组建创新创业团队，配备指导教师，鼓励学生以企业基地为依托，开展各类创业实践活动，从而培养正确的创业态度、提高创新素养、增强把握和创造机会的能力以及创业的基本技能，同时注重德育和挫折教育相结合，培养大学生的责任意识、参与意识、合作意识和创业意识，进一步增强德育工作的效果和大学生创业的实际能力。

二、从严出发——建章立制，发挥主体的能动性

从根源来看，德育和创新创业教育都是人的工作，人的主观能动性是首要因素。对于整个教育体系而言，自上而下应该有共同的认识，形成合力，这是德育工作的基本保障。

一是强化主体意识，构建上层政策平台。德育教育或者创新创业教育不是某一位老师想干就能干成的，更需要高校上层领导甚至教育管理部门提高重视程度。一旦将创业教育纳入现代国民教育体系，一旦领导层提高了认识，自上而下推行将事半功倍。同时，学校层面应出台具体的规章制度，将德育和创新创业教育内容纳入人才培养方案，将成果纳入绩效和职称评定考核体系，使具体工作有章可依，有线可循，极大地调动参与群体的积极性和主动性。

二是强化教师责任意识，组建联动平台。德育、创业教育融入全过程关键在于落实，落实效果关键在于人。思政教师、专业课教师、辅导员、课外辅导教师、企业外聘教师等在其中将起到决定性作用。

三、从实际生活出发——回归生活

一方面，针对大学生不同的教育目标，因材施教地展开教育过程。既然大学生创业教育的目标层次有高低之分，那么个性特点不同、实际需要不同的大学生所接受的创业教育就应该不同。教师就可以开设教学目标有所区别的创业教育课程供不同需求的大学生选择，形成整体服务于高校育人大局，但具体目标又有所区分的课程群。另一方面，大学生创业教育的实践活动设计、校园文化活动组织等都应该密切联系不同专业、不同个性、不同需求的实际情况，使得大学生创业教育更具针对性与实效性。

一是内容回归生活。从生活中取材，首先意味着不能对各种知识点进行严密描述，不应该用口号式的形式向学生传授大道理。从生活中取材就应该抓取学生身边的具有道德意义的生活案例，激发他们的生活体验和感受，引发他们对案例的积极思考，进而将接受的道德观念转化为相应的道德行为。其次，要按照大学生学生活的顺序和逻辑来组织道德教育内容，而不是从知识的逻辑或教师的生活经验出发。大学生的世界观和价值观已经较为成熟，对事物的认识都会有质疑的逻辑习惯，很有可能会对教师口中的"真理"产生怀疑，因此，创业道德教育不能一味追求"绝对"，而要贴近学生生活逻辑。最后，应该从学生所有生活空间中选取道德生活案例，而不是忽略或者抛弃其中不当的问题。德育教育恰恰要以学生身边发生的不当问题为研究内容，把它作为创业道德教育内容的重要来源，尽可能地照顾学生生活的方方面面。

二是教学方式生活化。通过生活对学生进行德育教育，就是要把道德教育的过程放在生活中，经常性开展和重复性开展。首先，德育教育是关于人的意识价值观的教育，人的价值观是长期稳定形成的，不可能通过简单教育就能够改变和提高，因此，创业道德教育要实施反复的、连续的教育，才能收到良好的效果。生活化的德育教育不仅可以起到渐进式培养和感化的作用，还能够不断强化实践锻炼和反馈。其次，生活化的教育方式具有广泛实践的意义。创业道德教育在内容上包括了社会道德的方方面面，如职业道德、人际交流道德要求等，通过生活化的教育，可以涉及更广泛的道德实践，使得教育内容全面，效果良好。

四、大格局——构建政府、校企、家庭联动的创新创业德育大格局

大学生"双创"德育的开展只有得到各方面的协调配合才有可能顺利实施。学校、政府、企业、家庭在资金、管理、校园文化、信息、场地、政策、社会环境与舆论导向等多个环节给予创业教育支持的同时，应该将德育融入进去。高校要积极制定推进创业教育开展的指导性文件，在制定鼓励大学生积极创业的各项优惠条件，能在管理上采取分模块、学分制、分阶段地进行创业教学的基础上，加强以创业文化为主题的校园文化建设，发挥德育的主阵地功能。同时，政府、企业在提供资金、场地、政策支持的同时，应充分利用大学生校内、外创业基地、孵化园、科技园和创业基金会，指导创业专家、学者、官员在大学生双创实践中担负起立德树人的义务和责任，加强德育建设，把德育融入指导全过程。利用创业者协会、创业俱乐部、天使基金、种子基金、校友会、智囊团等为大学生创业提供各种咨询服务和信息的同时，更应该注重德育引导，帮他们树立正确的价值观。与此同时，家庭也要担负起德育阵地的作用，避免过分宠溺，要钱给钱，舍不得让孩子吃苦等。只有学校、政府、企业、家庭全部参与到双创德育工作中来，德育工作才能够全方位、无死角地开展，才能真正做好立德树人工作，培养出合格的社会主义事业接班人。

第三章　双创背景下体育院校大学生创新创业的现状与发展前景

　　"创新能力显著提升"成为经济社会发展目标实现的重要标准，所以推进大众创业万众创新成为深入实施创新驱动发展战略、实现强国梦的重要支撑。作为其中重要主体的体育类运动训练专业大学生重任在肩，在不断增长的体育服务需要面前，在经济体制深刻变革、社会结构深刻转型、利益格局深刻调整、思想观念深刻变化的时期，大学生的创新创业面临着巨大的机会和挑战。本章以山东体育学院运动训练专业学生创新创业实践作为研究对象分别介绍了体育院校大学生创新创业的现状与主要问题、体育院校大学生创新创业的影响因素分析、双创背景下推动体育院校大学生创新创业发展的策略、双创理念指导下有效培养体育院校创新创业人才等内容。现阶段，虽然山东体育学院运动训练专业学生的创新创业环境持续改善，各类支撑平台不断丰富，但受自身专业特点、学校教育现状等因素的影响，运动训练专业学生创新创业情况依然不容乐观。

第一节 体育院校大学生创新创业的现状与主要问题

一、山东体育学院运动训练专业学生创新创业比赛现状

山东体育学院运动训练专业是在全国体育院校同类专业中开展比较早、招生规模最大的专业，是国家一流本科专业、山东省特色专业。本节将以山东体育学院运动训练专业双创工作开展现状为例，从侧面分析当前体育院校双创工作存在的问题。

（一）运动训练专业学生创新创业参赛取得的成绩

山东体育学院运动训练专业学生创新创业参赛成绩如表 3-1 所示。

表 3-1 近五届创新创业赛事取得的主要成绩

项目名称	负责人	赛事名称	成绩	级别	时间
澎湃芯动力 守护泵能量	孙浩真	第九届"互联网+"创新创业大赛	银奖	省级	2023
斯坦普体育	姜家伟	第九届"互联网+"创新创业大赛	铜奖	省级	2023
大创体育	马梽峰	第八届"互联网+"创新创业大赛	铜奖	省级	2022
"剂上新来"-用新型建材、守绿水青山	朱波	第七届"互联网+"创新创业大赛	金奖	省级	2021
体育教育"星"势力-体育培训行业标准化创造者	王保鑫	第六届"互联网+"创新创业大赛	铜奖	省级	2020

智能校园一体化	李震	第五届"互联网+"创新创业大赛	金奖	校级	2019
"互联网+"马拉松赛训管服一体化模式平台	张毅伟	第五届"互联网+"创新创业大赛	金奖	校级	2019
创石体育文化发展有限公司	张俊	第五届"互联网+"创新创业大赛	金奖	校级	2019
绿跃山川盆景观光园项目	王攀	第六届"互联网+"创新创业大赛	金奖	校级	2020
小篮球运动进青训营及相关产业的开发与运营	封富强	第六届"互联网+"创新创业大赛	金奖	校级	2020
弘迈智能科技	李震	第六届"互联网+"创新创业大赛	金奖	校级	2020
基于新形势下艺术设计探索工程环境艺术	陈志超	第七届"互联网+"创新创业大赛	金奖	校级	2021
山东大创体育发展有限公司	马梽峰	第七届"互联网+"创新创业大赛	金奖	校级	2021
新锐体育产业	尚鑫	第七届"互联网+"创新创业大赛	金奖	校级	2021
"剂"上"新"来-用新型建材守青山绿水	朱波	第七届"互联网+"创新创业大赛	金奖	校级	2021
汶水农场	尹志豪	第八届"互联网+"创新创业大赛	金奖	校级	2022
国防教育在心中，体育之魂铸体魄	赵丹阳	第八届"互联网+"创新创业大赛	金奖	校级	2022

（二）近几年运动训练专业学生双创赛事成绩整体情况

山东体育学院运动训练专业学生（隶属竞技体育学院）近三届创新创业赛事结果，如表3-2、表3-3、表3-4所示。

表 3-2 2020 年山东体育学院"互联网 +"创新创业大赛情况

学院	在校生数量（人）	参赛人数（人）		参赛项目数量（项）		入围校赛决赛项目数量（项）	获奖数量（项）				
		要求人数	实际人数	预计数量	实际数量		金奖	银奖	铜奖	优秀奖	总计
竞技体育学院	2082	416	494	69	105	25	5	7	7	6	25
运动与健康学院	724	145	319	24	75	11	0	3	4	3	10
体育社会科学学院	1035	207	192	35	41	13	0	2	3	7	12
体育艺术学院	564	113	94	19	20	8	0	2	5	1	8
国家两院	538	108	92	18	20	3	0	0	1	2	3
武术学院	258	52	31	9	10	6	1	0	0	5	6
体育传媒与信息技术学院	739	148	33	25	5	5	1	1	3	0	5
研究生教育学院	327	65	48	11	4	4	1	1	1	1	4
合计	5940	1189	1303	201	280	75	8	16	24	25	73

表 3-3 2021 年山东体育学院"互联网 +"创新创业大赛情况

学院名称	在校生数量（人）	参赛人数		参赛项目数量（项）		入围校赛决赛项目数量（项）	获奖数量（项）			
		要求参赛人数	实际参赛人次	要求参赛项目数量	实际参赛项目数量		金奖	银奖	铜奖	合计
竞技体育与体育教育学院	2128	≥532	196	≥89	37	10	5	3	2	10
体育社会科学学院	861	≥215	606	≥36	125	17	1	7	9	17
体育传媒与信息技术学院	632	≥158	96	≥26	14	4	1	1	2	4
运动与健康学院	628	≥157	507	≥26	82	11	2	6	3	11
体育艺术学院	608	≥152	128	≥25	21	5	0	3	2	5
国家两院	657	≥164	148	≥27	33	2	0	0	2	2
武术学院	269	≥67	62	≥11	8	6	1	0	5	6
研究生教育学院	457	≥114	43	≥19	6	4	0	0	4	4
合计	6240	1560	1786	260	326	55	10	20	29	59

表 3-4 2022 年山东体育学院"互联网＋"创新创业大赛情况

学院名称	在校生数量（人）	参赛人数 要求参赛人数	参赛项目数（项）		入围校赛决赛项目数（项）	获奖数量（项）			
			要求参赛项目数量	实际参赛项目数量		金奖	银奖	铜奖	合计
研究生教育学院	340	≥85	≥15	15	2	1	0	1	2
运动与健康学院	548	≥137	≥23	37	7	2	2	3	7
体育传媒与信息技术学院	538	≥135	≥23	19	6	0	1	5	6
运动休闲学院	313	≥78	≥13	36	6	2	2	2	6
体育管理学院	594	≥149	≥25	55	8	2	3	3	8
体育教育学院	748	≥187	≥32	17	3	0	1	2	3
竞技体育学院	1180	≥295	≥50	84	12	3	2	7	12
国家足球学院国家篮球学院	680	≥170	≥29	29	3	0	1	2	3
武术学院	236	≥59	≥10	12	2	0	2	0	2
体育艺术学院	797	≥200	≥34	15	3	0	2	1	3
合计	5974	1495	254	319	52	10	16	26	52

1. 省赛入围项目增加

自第六届"互联网＋"大赛开始，学校入围省赛不低于三项，其中运动训练专业获近三届唯一一项金奖，在入围省赛项目数量上有待突破。其中"体育教育'星'势力——体育培训行业标准化创造者""绿跃山川盆景观光园"项目是在去年参赛项目的基础上通过多方论证、多轮修订、继续培育的结果；"小篮球运动进青训营及相关产业的开发与运营""剂上新来"、

"大创体育"均是通过挖掘毕业生这一关键资源所得。

2. 参赛项目数量有明显提升

从 2020 届至 2022 届赛事校赛中，运动训练专业报名数量并不是十分稳定，其中 2020 年竞技体育学院实际参赛项目数量为 105 项，2021 年实际参赛项目减少至 37 项，相较于 2020 年有明显的下降趋势，2022 年竞技体育学院实际参赛项目增加至 84 项，有了明显的提升。

3. 校级奖项有明显回升

从 2020 届至 2022 届赛事校赛中，竞技体育学院入围校级奖项的赛事数量呈"升—降—升"的发展趋势。2020 年入围校级奖项的项目共有 19 项，其中荣获 5 个金奖、7 个银奖、7 个铜奖（鉴于 2021 年和 2022 年校级奖项未设置优秀奖，为此并未将 2020 年优秀奖统计在内）；2021 年入围校级奖项的项目共有 10 项，其中荣获 5 个金奖、3 个银奖、2 个铜奖，由此可以发现 2021 年的竞技体育学院获得的校级奖项数量有所下降；2022 年入围校级奖项的项目共有 12 项，其中荣获 3 个金奖、2 个银奖、7 个铜奖，从校际奖项获取总量上来看，比 2021 年多增加了 2 个项目的奖励，但是金奖、银奖的数量却有所下降。

二、山东体育学院运动训练专业学生创新创业参赛中存在的问题

（一）起步晚

从上表可以看出，在 2019 年之前运动训练专业学生参加创新创业类赛事几乎为零，只有 2018 年一项全国大学生体育产业创新创业大赛，而负责人虽是运动训练专业学生，但在其他院系借读。这也是之前我院运动训练专业创新创业赛事的真实写照，对大学生创新创业赛事不够重视，滞后于

高校整体发展。从 2019 年起学校组织参加"互联网 +"创新创业大赛,本专业学生的创新创业才步入正轨,而此时互联网 + 赛事已经开展到第五届。

(二)范围窄

近几年,随着教育系统、高校群体的重视,针对大学生的创新创业赛事逐渐增多(表 3-5),如大学生体育产业创新创业大赛、"创青春"全国大学生创业大赛、"互联网 +"创新创业大赛等。从上表中可以看出,本专业学生所参加的赛事非常单一,只有"互联网 +"创新创业大赛。因此,参赛面窄很大程度上束缚了学生的创新创业视野和实践能力的提升,尽可能多地寻找合适的赛事平台成为当务之急。

表 3-5 当前部分创新创业赛事

赛事名称	发起单位	创办时间	举办周期
中国国际"互联网 +"大学生创新创业大赛	教育部	2015	一年
大学生体育产业创新创业大赛	全国体育院校体育产业创新创业服务平台	2018	两年
中国"互联网 +"创新创业大赛	教育部	2015	一年
"挑战杯"全国大学生课外学术科技作品竞赛	共青团中央、教育部、中国科协、全国学联	1989	两年
"挑战杯"中国大学生创业计划竞赛	共青团中央、教育部、中国科协、全国学联	1989	两年
"创青春"全国大学生创业大赛	共青团中央、教育部、人社部、全国学联、中国科协	2014	两年
"汇新杯"新兴科技 + 互联网创新大赛	工信部	2018	未知

（三）成绩差

以第六届"互联网 +"大赛为例，从成绩与层次分布上看，本专业学生只有 1 个项目冲进省赛拿到了铜奖，负责人是毕业 4 年且已经创业有成的往届生，而大部分在校生项目只停留在校赛水平，没有一项突围进省赛，在校赛中共拿到了金奖三项、银奖四项、铜奖 5 项。缺少有分量的、高层次的成绩严重制约了本专业创新创业的推进，尤其是在教育部、教育厅将学生创新创业成绩列入专业建设与评估指标中的局面下，专业发展受到影响。

（四）重创业、轻创新

从参赛项目来看，大部分项目都是要建立公司、企业、服务机构，都着眼于创业、创办实体。很少有学生从本专业的运动训练理论、方法、手段的更新与改进思考，很少从自身的运动训练实践过程中发现问题、改进问题。这就意味着，很多同学在思想上把创业等同于创新创业，重创业、轻创新会使人急于求成，不利于深入挖掘本专业特色。

第二节　体育院校大学生创新创业的影响因素分析

一、学校体制层面因素

（一）组织力度不够

在备赛过程中，以教务处作为赛事统筹部门，以校内赛为抓手遴选优质项目参加省赛，受项目数量和省赛指标关系的影响和刺激，往往是要求二级学院尽可能多地报项目，但实际在学校层面开展赛前培训、创业讲座、赛事模拟等力度不够。各二级学院为了追求项目数量，只能是强拉硬拽，为了上项目而上项目，大部分工作都在动员上，而忽略了精准指导与帮扶。于是形成了学校—学院—老师的层层压力关系。而在运动训练专业师资队伍中具备创新创业指导资质的老师非常稀缺，目前只有 5 人接受过创新创业培训，基本都是专职或兼职辅导员，更缺少实际创业经验。专职教师由于自身工作性质、工作量巨大等原因基本没有时间关注创新创业。在层层压力下，只能临时抓学生、凑项目，把压力又转到学生身上。而大部分学生没有创新创业的意愿，面对任务只能是学生干部、学生党员迎难而上，所以出现了大部分项目的负责人基本上都是学生干部，大部分指导教师都是辅导员的情况。在这种简单的指标数量传导机制下，很难真正形成让学生重视并积极投身创新创业的热情，无法形成争先双创的氛围。

（二）激励程度不够

本专业的学生虽然有机会机会通过参与大学生创新创业训练计划获得立项资金扶持。但具体到创新创业赛事的参与和指导上，学校并没有出台具体的规定办法，大赛指导教师无法将指导工作换算工作量并进行应有的奖励，也没有将获奖情况与教师的教学成果奖认定、职称评定等直接挂钩进行明确；对于参赛获奖的学生团队普遍缺乏持续性的扶持政策，停留在为了比赛而比赛，临时性明显。

（三）课程厚度不够

目前，学校针对运动训练专业的学生开设的创新创业课程只有 32 学时的"创新思维"和"创业基础"，以及 18 学时的"大学生职业规划与就业指导"三门必修课。其中，"大学生职业规划与就业指导"采用慕课形式。

三门课程分别安排在第三、四、六学期，时间上不够连贯；同时缺少相应的选修课程辅助，尤其是一些实操类的创新创业课程，如当前比较公认的KAB、SYB创新创业课程体系。而仅有的三门相关课程也缺少专业的师资，只能在辅导员、其他专任教师中选择，这些人虽经历过短期的创新创业培训，但毕竟不系统、不成体系，因此授课效果大打折扣。这就造成了学生的创新创业理念、知识、方法都不够扎实，一旦参加比赛，只能是"突击式"地进行商业计划书撰写的学习和训练，最终规范性、合理性、时效性无从谈起。

二、学生层面因素

从参赛项目可以看出，当前运动训练专业学生的项目更多停留在学生或团队对已有社会经验的简单加工，未能真正触及市场的痛点和需求，较少能挖掘自己专业领域的优势；部分能对接到社会需求的项目，在设计思路、企业框架、经营理念等方面存在形而上、想当然的问题，缺少市场调研，计划不细致、不具体、与实际脱节难以落地。究其原因，主要是以下几个方面：

（一）学生参与度不够

目前创新创业赛事报名范围覆盖高等院校的有，科技部牵头的中国创新创业大赛、团中央牵头的"创青春"青年创新创业大赛、教育部牵头的"互联网＋"大学生创新创业大赛、工信部牵头的"创客中国"中小企业创新创业大赛等，这些赛事普遍采取"多层赛制、逐级遴选、现场答辩"的方式进行比赛，因受高等院校宣传推介力度、赛事政策吸引强度、学生第二课堂投入精力情况等因素影响，青年大学生参与各类创新创业赛事活动的比例不够高。

（二）学生认识不够

广大青年学生对创新创业赛事活动的认识普遍停留在荣誉获取的表象层面，对其背后强大的育人功能认识不够。部分青年学生对高等院校通过举办各类赛事活动培养学生的创新思维、国际化视野和创业应用能力的目标认识不够，对各类赛事活动具有的广交朋友、获得资本、学习锻炼、获得政府支持、宣传展示等功能认识不够，通常仅仅为获取赛事荣誉而参赛，偏离了赛事的主要宗旨。

（三）创新创业执行力薄弱

在就创新创业制约因素的调查中，有两个因素或者说不足非常明显，一个是创业知识，一个是创业能力。创业能力作为一项综合能力，需要创业者具备良好的创业素质、创业知识和行动能力，具体包括行动力、认知力、内驱力、资本力四个方面。创业者首先要有较强的创业认知力，能够正确认识自己、认识形势，并具备一定的想象力、分析判断力、自我学习力等，然后在良好的创业内驱力引导下进行创业行动。此时需要较高的创业资本力作为保障，以极强的创业行动力进行创业活动，可见创业能力是直接决定创业结果的重要条件。

但是在调查中发现，运动训练专业学生创业能力很差。虽然学生在一定程度上能够正确认识自己、认识形势，并具备一定的想象力、分析判断能力、自我学习能力等，但行动力、认知力、内驱力、资本力的不足极大限制了其投身创新创业。

三、社会层面因素

大学生创新创业一方面要挖掘专业优势，一方面要对接社会需求。社会是这个过程中必不可少的因素，既是项目起点，又是项目终点。在这种情况下，社会力量的参与将对大学生创新创业起到重要的影响。但从当前本专业学生的创业项目和过程来看，社会力量参与度很小，只有几个毕业生算是来自于社会，而真正了解实际需求、具有创新创业经验的参与者、合作企事业单位几乎没有。近几年，本专业签订了 10 余家实习实训基地，但却没有充分调动、利用这些现有资源。

第三节　双创背景下推动体育院校大学生创新创业发展的策略

一、构建思政＋创新创业课程体系

创新创业离不开思政教育，它既可以为创新创业指明方向，又可以提供精神食粮。因此本专业在新的培养方案中筛选了涵盖"思政类课程"、素质培养类课程、创新思维和就业指导等课程，建立了由公共课、必修课、任选课、实践课组成的多元化课程体系。通过课程，注重挖掘体育精神的引领作用，如弘扬顽强拼搏的女排精神、中华民族传统体育的民族精神、更高、更快、更强的奥林匹克精神等。同时，改革课程考核方法，加大过程考核比重，由单一考核向多元考核转变，增加学业挑战度。积极推进慕课建设与应用，开展线上线下混合式教学、增加竞赛路演环节等提升学生实操能力。通过心理咨询、就业咨询等课程，为学生创新创业营造便捷、科学的指导，培养其成为具备正确创业观念、创业精神，能够理论联系实际、学以致用的新时代创业人才。

为切实提高学生创新创业能力，2020 年 7 月对本专业 2017 级学生 400 余人进行了为期 10 天，共 80 学时的 SYB 创业培训，使学生了解并掌握了一个企业如何从无到有的过程，掌握了市场调研的方法，熟悉了创办企业的流程和应对事项，提高了实操能力。

二、内挖外引，充实师资队伍

为了弥补创新创业师资队伍的不足，本年度选派四名老师参加了人社部组织主办、日照人社局承办的 SYB 创业讲师培训班、山东省城镇劳动就业中心主办的高校创业咨询师；组织有指导项目的教师参加了教育厅主办的"山东省创新创业教育专项能力提升培训（线上）"，有效提升了教师的创新创业指导能力。

同时，加强同本专业实习实训基地合作力度，拓展创新创业领域的合作，利用校企合作平台、体育俱乐部、体校等德育基地等组织学术报告、讲座，组织现场教学，聘请包括实习实训基地人员在内的校外创业导师，鼓励学生以企业和基地为依托，开展各类创业实践活动，借助它们的经验与能力，推动创新创业发展。

三、健全激励奖励机制

在通过竞赛获得成就感的同时，通过配套的奖励机制，让参与竞赛的师生获得激励感。对老师而言，竞赛的参与和获奖可以量化为评职称的加分项，这对很多有评职称需求的老师，特别是中青年老师吸引力很大。同时，竞赛优秀指导老师评选和竞赛指导经历，以及对在省级比赛、国家级比赛中获奖项目，均可以获得物质奖励，能折算成工作量给予物质补贴，这对指导项目的老师也是一种很好的激励。对学生而言，参与竞赛在获奖奖励的基础上，给予参与项目一定的物质补贴。同时，学生的竞赛经历可以认定为素拓学分，折抵第二课堂学分，在各种奖助、评优也可以将其纳入考量体系，如表3-6所示。

表 3-6 运动训练专业各类奖励学分明细

类别	名称	学分	要求
运动等级	在校期间达到一级以上运动等级	1	
裁判等级	获得一级以上裁判等级	1	
科技创新	国家级创新创业项目立项及赛事获奖	2	第一位
	省级创新创业项目立项及赛事获奖	1	第一位
	校级创新创业项目立项及赛事获奖	0.5	第一位
发表论文	在国内核心学术期刊上发表学术论文1篇，或在国际会议或国内一级学会组织的学术会议上进行口头报告1次	2	第一位
	在国内非核心学术期刊上发表学术论文1篇，或在国内二级学会组织的学术会议上进行口头报告1次	1	第一位
技能证书	全国大学英语六级证书	1	通过
	其他全国专业等级考试：全国计算机等级考试二级证书等	1	
	国家劳动和社会保障颁发的社会体育指导员、健身健美师、游泳救生员证书	0.5	
	其他专业相关证书：公共营养师、健康管理师、保健按摩师三级或高级证书、中国红十字会急救员等	0.5	

在本次运动训练专业培养方案修订中，已经将创新创业赛事、项目获奖纳入学分奖励范围。学校将指导创新创业赛事获奖纳入绩效考核体系；同时教务处设置专项资金为有发展空间的创新创业项目提供资助。这些措施极大调动了师生的积极性，为创新创业收获极高人气。

四、抓住关键环节、关键项目

对于创新创业赛事而言，一般可以分为赛事发起、赛事进行、赛事后期三个阶段。三个阶段分别对应着寻找项目、展示项目、维护项目三个内容，所以要重视每个阶段，做好每一项内容，同时对于有发展空间的关键项目要进行可持续培育。

（一）竞赛创意阶段的宣传发动引导

可以通过创新创业宣讲会、优秀创新创业竞赛成果展校园广播、主题班会、社团活动等一系列科创主题活动，让学生在良好的竞赛氛围中，主动了解竞赛，走进竞赛。这个阶段重点侧重对学生创意的指导，为学生的创新创意提供方便的转化途径。通过新媒体手段在这个阶段将对创新创业竞赛感兴趣的学生、老师聚到一个社交平台，用QQ群、微信群等方式组织到一起，进行定期交流。

在本年度第六届"互联网＋"创新创业大赛前，本专业通过召开动员大会、微信群、QQ群宣传、往届潜力项目培育、毕业生资源挖掘等形式和方法精准帮扶。绿跃山川盆景观光园项目就是在大家一致看好的情况下，不断完善创业计划，多方咨询辅导，最终冲进省赛。

（二）竞赛参与阶段的辅导训练

组织一批乐于从事赛事辅导并有科研实力和竞赛辅导经验的老师，是能否取得竞赛实效的重要前提，定期组织优秀的赛事指导老师进行交流，并开展同学生的交流活动。形成宣讲会、辅导讲座、训练营、"导师＋团队"等多方位结合的赛事指导模式。在第六届"互联网＋"创新创业比赛省赛前夕，学院一方面为潜优势项目配备本专业最有经验的教师，一方面多方奔走，依托专业制作公司、创业孵化基地对项目进行整改和包装，为三个项目入围省赛做了最充分的铺垫。

（三）竞赛后的转化和提升支持

为避免为赛而赛，促进优秀的竞赛项目转化成实践，是对竞赛功能的进一步深化，也是对学生能力锻炼的进一步提升。加强赛后跟踪指导，比如创业项目，利用学校孵化平台，搭建竞赛项目孵化转化落地平台。创新项目，结合老师的科研项目或者学生的兴趣爱好，进一步深入研究，转化为科研成果。在这个阶段，可以引入更多具有实务经验的指导老师。本年度，学院也加强了科研同创新创业的结合，将老师的科研课题、专利延伸到创新创业领域，取得了一定的成果。

第四节 双创理念指导下有效培养体育院校创新创业人才

一、创业型人才培养的社会需求分析

（一）社会需要创业

作为人口大国，保障就业是中国政府的首要关注问题。[①] 党的十八大明

---

① 刘振忠.京津冀协同创新创业型体育人才培养研究 [M].上海：复旦大学出版社 ,2020.

确提出，就业是民生之本，要推动高质量的就业，就需要鼓励多种形式的就业。创业作为就业的一种有效手段，能为社会提供更多的职业岗位，缓解严峻的就业形势，因此，在当前社会环境下，创业是推动社会经济发展与国家解决就业问题的重要举措。

创业不仅是我国解决就业问题的重要措施，而且也是我国社会发展内在需求的反映。从经济形势来看，目前全球出现的金融危机对我国经济形势的影响不断加深，甚至有可能超过十年前的亚洲金融危机。21 世纪以来，"80 后""90 后"已经全面涌入市场，这批基数十分庞大的人口群体为了生存和发展掀起激烈的竞争，而其竞争若只限于有限的职业岗位中，必然不利于社会的发展与稳定。因此，随着青年群体竞争的日益激烈，不少个体逐渐跳出"选择雇主"的"被雇佣"境遇，转而开始从事自主创业，自己给自己创造职业岗位，增加社会职业岗位数量，解决就业岗位问题。可见，创业是在强烈的社会发展需求推动下得以产生并不断发展的社会活动。

创新创业活动有助于将中国市场融入全球。当今中国已经成为全球吸引外国投资最多的国家之一。相关统计结果显示，世界 500 强中绝大部分在华都有投资项目，投资力度和规模呈现出不断增强的趋势，这与我国推动实施的创业举措息息相关，特别是海归创业者的积极参与，增强了许多跨国公司的在华投资力度，铸造了一批跨国公司在华企业的掌门人。他们熟悉国际化公司运营模式且熟知中西文化，拥有娴熟的语言沟通能力，成为中国与世界经济接轨的桥梁和主力。

（二）社会发展对创业者的素质要求

由于创业本身就是社会发展需求的体现，而对创业型人才的培养则是推动创业的重要举措，因此，创业型人才培养实际上也是社会需求的反映。

这就要求在"大众创业"的时代背景下，根据市场需求的特点做好创业型人才的培养。具体来看，根据对市场需求的分析，对创业型人才的培养应注意以下几个方面：

第一，创业意识。成功创业，创业成功，需要一个人具有超前的创业意识，成功永远垂青于有准备的人。当今信息经济时代，只有具备一定的创业意识才能更好地走上创业之路。要想取得创业成功，必须拥有创业型人才所应具备的自我实现以及追求成功的强烈意识。这种创业意识有助于克服荆棘丛生创业道路上的各种困难，始终信守自己的创业信条，并将创业目标作为人生的理想目标。强烈的创业意识是创业型人才必备的良好素养之一，一定程度上支配着创业者的创业活动。一名创业型人才应具备的创业意识主要包括商业意识、竞争意识、风险意识、知识更新意识等。

第二，创新思维。一般而言，具有强烈创新思维的人才能产生强烈的创业欲望，并逐渐将它转变为创业行动，可以说，创新意识是创业型人才的主要特征之一。对于创业者，只有建立较强的创新意识才能突破传统的影响，打破旧的思路，提出新的观点，做出新的发展，实现新的超越。具体来看，这种创新思维意识主要包括：能够调动全体员工积极创新，做员工创新的倡导者和激励者；根据社会发展与市场需求，能够不断优化调整经营策略，推出新产品，满足消费者需求，使企业的核心产品或服务始终处于同行竞争中的领先地位；在企业组织与管理方面不断创新管理模式，以新的管理理念积极推动形成一种崭新的组织文化，既而推动企业的全面创新。

第三，综合知识。在知识大爆炸且充满激烈竞争的今天，仅仅依靠勇气、热情、经验或结构单一的专业知识获取创业成功是相当困难的。一名高素质的创业型人才必须具有创造性思维，才能面对纷繁复杂、瞬息万变的市场做出正确决策，要想做到这一点必须掌握广博的知识、拥有一专多能的知识结构。因此，对于走进市场浪潮中的创业型人才而言，要想成为弄潮的能手还需要具备较强的综合知识。这些知识主要包括从事某一专业或职业所必须具备的专业知识；提高营销管理水平的知识；用法律维护自己的合法权益的知识；掌握与本行业、本企业相关的科学技术知识；市场经济方面的知识等。

第四，创业能力。能力是在知识基础上的综合运用，是在"应知"基础上的"应会"。知识只有会使用、转换成能力，才是有用的知识。因此，在掌握综合知识的基础上，创业型人才还应具备创业能力，即具备将所具有的综合知识转化为创业行动的能力。从创业能力的形成来看，它不是通过遗传得到的，也不是靠单纯的专业学习获得的，而是在后天的学习培养和社会实践双重作用下逐步养成的。从当前社会对创业型人才的需求来看，要想成为一名合格的创业型人才，其具备的创业能力主要包括专业技术能力、经营管理能力、创新能力、市场判断能力、把握商机能力、决策能力、协调人际关系能力等。

二、创新创业型体育人才的素质构成

（一）体育人才的结构

1.体育人才类型的总体结构

体育人才队伍包含两类核心人才：体育竞技人才和体育教育人才。体育管理人才、体育科技人才、体育媒体人才和体育产业人才是以两类核心人才为前提而存在。可以说，两类核心人才的状况一定程度上决定着其他各类人才的存在状况。

体育竞技人才彰显着一个国家的体育科技水平与竞技实力。竞技体育水平的提升不仅需要物质资源条件，同时也依赖于体育科技人才不断创新和研发新理论、新技术与新策略。提高体育竞技水平需要科学技术，而发展科学技术，科技人才尤为关键。为此，应高度重视体育科技人才的培养，并提供条件保障，出台激励政策，调动科技人才的工作积极性，使其多出优质成果，为体育事业发展做出最大贡献。

体育教育人才肩负着人才培养、科学研究的双重任务。这类人才与体育管理人才、体育科技人才联系紧密。比如，社会体育指导员既要了解政策法规知识，还要学习社会体育理论与管理知识，掌握体育教学组织、沟通、协调与指导技能，具备体育科学研究能力。

竞技体育引入市场需要通过市场机制来运行，从而也就带动了相关的体育产业，同时需要大批体育产业人才，如体育经纪人、体育营销人员、体育传媒人员等。与此同时，体育竞技人才也会受到媒体的关注，一场比赛的现场解说不是任何人都能够胜任的，解说员需要具备相应的能力素质、掌握丰富的体育知识，以及对竞技体育有深刻理解。体育产业人才、体育媒体人才是一种新兴的体育人才，预示着体育事业更加丰富多彩，也更趋于多元化。

如今管理不再是一门单一课程，已经发展成为一门科学，成为社会各行各业赖以生存与发展的重要支柱，体育事业的蓬勃发展需要诸多高素养、高能力的体育管理人才，这是推进我国体育事业可持续发展的重要基础。

综上所述，体育人才类型多样，这六种不同体育人才相互之间是既有区别又有联系，相互牵连，互相补充，是密不可分的有机统一体，缺一不可。

2. 各类体育人才的知识结构

所谓知识结构，是指一个人才群体中不同专业背景的人或其中某一个人自身所掌握的不同知识的合理组合及之间的相互关系。比如，在一个国家、地区、单位中，具有高级、中级、初级不同知识水平的人按合理的比例构成完整的结构，使具有不同专业知识水平的人发挥特长，既各尽其能又相互配合，从而结成一个相对动态平衡的有机体。

（1）体育竞技人才（运动员）的知识结构

竞技运动员的专项技能比较突出，具有一定的专业基础知识，而综合文化知识相对欠缺。这跟运动员从小就接受专项技能的训练，忽视了一般学科知识的学习有关。长期以来，为获取最佳运动成绩，青少年存在着"拔苗助长"的现象，运动员从小就进行长期、系统性的专门训练，成年运动员也不例外，最大限度地挖掘运动员的潜能，以适应现代竞技体育对运动技能的要求。这严重违背了运动员的成才规律，同时占据了运动员大部分的时间和精力，势必减少了运动员在知识层面上的深造与学习，必然会影响其未来向更高水平上的发展。在思想行为方面，过多注重竞技水平的提高，缺乏思想素质的培养，加之受重物质、轻精神的不良社会风气的影响，造成一些运动员自由散漫，只想训练，不愿学习，体育技能虽好，但知识功底薄弱。这些少数人的表现，使运动员整体社会形象受到损害，对运动员再就业产生极为不利的影响。

在知识能力方面，我国竞技运动员的文化知识水平普遍不高。究其原因姑且可归结为管理高度集中和专业化训练体制，致使运动员在训练比赛与文化学习上产生了巨大矛盾，加之重训练、轻学习的主观意识，造成运动员文化程度和综合知识水平普遍偏低，集中体现在知识功底薄弱，能力结构不合理，综合素质不高，外语、计算机等工具学科知识和技能较差。总之，薄弱的文化课功底、狭窄的知识面，致使运动员整体上缺乏再学习能力、综合知识运用能力和社会适应能力。

我国竞技运动员文化素质偏低，与时代竞技体育发展对运动员的素质要求产生了矛盾；市场经济调控体制下的劳动用人制度和毕业生就业制度的改革，使社会人才市场的竞争愈加激烈，尖锐的问题呼之欲出，那就是运动员自身的文化素质能否适应社会发展，能否更好地承担未来的教练员工作或体育管理工作。随着知识社会的推进发展，文化素质偏低必然不利于体育事业的发展。目前，退役运动员难就业的现象依然严重。一般情况下，当专业运动员运动成绩基本没有可提升空间，或难以继续保持高竞技水平，或运动年限达到一定时间且身体状态难以从事高强度竞技训练时，他们就将面临退役，面向社会再就业，但文化功底与自身综合素质的不足难以适应日趋激烈的人力市场竞争。例如，某举重冠军退役后一度沦为搓澡工等。常言道，竞技体育是吃青春饭的职业，运动员的高水平是有时间限制的，对所有人而言都不可能一辈子做运动员，最终都要面临再就业问题，加强运动员的文化教育，不能靠退役后为其举办几次培训就能解决，必须从一开始就要从思想上端正文化课学习态度，处理好训练与学习之间的关系，合理分配好时间。只有高度重视这方面的工作，才能从根本上解决运动员的培养与就业问题，这对运动员个人的发展以及整个体育事业的发展都是有益的。

（2）体育教育人才的知识结构

进入 21 世纪以来，随着国家体育事业发展，对承担体育人才培养工作的教师提出了更高的要求，其知识结构应该包括精深扎实的专业知识、丰富的科学文化基础知识和广博的教育科学知识。

第一，精深扎实的专业知识。专业知识是指体育教师实施体育教育教学的有关专门知识，包含体育科学基础理论，如解剖学、生理学、生物化学和生物力学等人体生物学科理论；心理学、教育学、体育概论、体育史等体育学基本原理；体育专项技术及其原理、运动技术教学与训练方法学、体育健身方法学等体育专业理论知识，以及学校体育学、体育竞赛方法和体育教材教法等。

第二，丰富的科学文化基础知识。教学是一门艺术，是一门科学。作为教师，除了具备精深扎实的专业知识基本条件外，还应具备丰富的科学文化知识。教师的责任与使命是传道、授业、解惑，教师的职业性质在于将人类所创造的优秀文化遗产和成就传递给未来社会的建设者，促使他们在继承的基础上创造出更辉煌的成就。因此，要成为一名优秀的体育教师，应具备多学科知识技能，清楚了解学生的身心成长规律，熟知教学规律，掌握体育教学的基本技能与方法。

第三，广博的教育科学知识。当今社会信息传播非常快捷，学生可以通过网络获取大量的体育知识，甚至熟知还没有讲授的专业理论新观点、锻炼新方法等热点问题，这无形中为课堂教师教学增添了很多问题。体育教师必须及时了解专业最新发展动态，扩大眼界视野，涉猎邻近学科知识，扩展知识面，以适应教育教学发展的新要求。教师，以德召众，以才服人，博学是当代教师建立威信的重要条件之一，教师的人格魅力、知识功底与管理手段，对建立良好师生关系，激发学生的求知欲，鼓励学生从事创造性活动影响重大。

相比体育教师而言，教练员的任务较为单纯，主要工作是运动训练。竞技体育的竞争日益激烈，对训练水平的要求也越来越高，因而教练员必须在执教项目上有精深的知识和能力。运动训练过程本质上也是教育过程，在提高运动竞技能力的同时，也应注意学生的全面发展。因此，对教练员来说，精深的专项技能和全面的育人知识是必不可少的。目前，在我国教练员的培训中后者相对薄弱，这在一定程度上对其社会印象造成了不良影响。从长远来看，应重视对教练员知识结构中一般学科，特别是教育学科知识的掌握。

（3）体育科技／媒体／产业人才的知识结构

体育科技人才、体育媒体人才和体育产业人才的知识结构基本相同。相对竞技人才来说，这三类人才对一般学科：知识和专业基础知识的广度要求更高一些。此外，三类人才在掌握专业基础知识之外依然需要掌握一些必要的专项技能。

①体育科技人才的专业知识

无论是行业、企业或者是单位都必须拥有一支科技人才队伍，同时还必须清楚了解科技人员群体的知识结构。一名合格的科技人员必须具备一门专业知识，只有这样才能更好地解决领域内的科技问题，同时也不失其作为科技人员的本色。所以，作为一名体育科技人员首先要扎实掌握本学科知识，同时还要洞悉国际科技发展新动态，掌握新情况，了解新资料，学习新知识，用最新的科技知识充实自己，使自己的专业知识始终处于学科领域与科学技术的前沿地位，从而取得具有国际水平的科技创新成果。

②体育媒体人才的专业知识

从事体育媒体的专业人士大多具有很好的专业修养，但体育媒体人才的专业知识与不同领域内行业专家的专业知识有着很大的差别。专家学习专业知识的目的是针对一些问题进行进一步研究,具备的专业知识基础不仅扎实而且雄厚。体育媒体人才学习专业知识目的是为了能够听懂专家们的谈话与相关观点,能够用浅显的语言把深奥的道理表述出来,为采访报道服务,所以他们没有必要、也不可能达到专家的专业知识水平。如果非要同真正的"专家"来比,体育媒体人才在知识的深度方面是存在很大差距的。

③体育产业人才的专业知识

基于体育产业工作的特殊性,对体育产业人才的知识结构与知识水平的要求普遍比较高。对于一名优秀的体育产业人才而言,必须具备广博的知识和实施多种技能的相关知识,如体育专业知识、市场学知识、网络传媒知识、产业经济与管理学等。如果从事宣传或推销产品方面的工作,还应掌握营销学、传播学、广告学、消费心理学等知识。针对处理日常事务,还需要学习和掌握人际沟通、社会交往等相关知识。

(4)体育管理人才的知识结构

当今时代,管理者必须具备一些管理知识,否则很难出色地完成相关工作。社会发展对管理人才的知识结构提出更高的要求,既要有一定的"专",又要有一定的"博",换而言之,就是专业要精,还要博学。随着现代科学逐渐向高度分化和高度综合的方向发展,往往对某一领域的深度探索需要采用多门学科的理论、手段与方法,且实施综合性的考察研究。

作为一名体育管理人才,其知识结构核心首先就是要精通管理学;其次要具备一定的体育学、社会学、心理学、人才学、行为学、决策学、伦理学、政治学等学科知识;最后要了解文学、哲学、历史、地理、天文、艺术、民俗等方面的知识。而对体育管理者而言，不仅要懂而且要精通管理知识，懂得如何对机构人员进行科学分工，合理搭配，还要懂得如何培养人、团结人，充分发挥人的主观能动性，这对实现高效内控管理、提高工作运行效率十分重要。

尽管体育人才的知识结构千差万别，但最佳的肯定是各类知识互相协调，具有一定层次结构的知识系统。管理者应在本门学科方面多下工夫，并广泛涉猎相关学科知识，努力成为一名"专精多能"的复合型人才。专家学者认为，随着当前科学技术、经济和社会的发展，学科间高度交叉并融合，社会经济与科学技术紧密相关，纵观当今世界那些取得卓越成就的人物，大多是学科修养广泛的人。迄今为止那些历经长久发展形成的专业理论体系已经具备了完善、成熟的系统。目前面临的问题是如何把这些成熟的理论进行"组合"应用，发挥整体功能，从而为人类造福。显然，一名管理人才仅仅具备专业知识是远远不够的，必须熟悉多门学科并掌握多领域的知识。事实证明，以专取博，以博促专，博专结合，才会使一个人成为通才型人才，才能成就大事业。简而言之，体育综合型人才是当今社会与体育事业发展需要的人才，也是人才培养的趋势。

（二）创新创业型体育人才的基本素质

虽然不同体育组织对体育人才的能力要求存在一定的差别，但是创新创业型体育人才的素质构成是基本相同的。具体来讲，创新创业型体育人才的素质构成主要包括以下三个方面：

1. 价值观

价值观往往能够影响体育人才的一生。当前，体育人才的价值观主要包括相关体育组织的历史、体育组织或体育各行业的职业道德以及正确的世界观与价值观。

2. 知识

知识对于体育人才非常重要，通过文化水平的培育，不但能够提升体育人才自身的文化素质，而且还有助于提高体育人才自身的风格与气质，有助于体育人才后备力量的培养与其自身的可持续发展。

体育行业对体育创新创业型人才的知识结构与知识水平有着较高的要求。要想成为一名创新创业型体育人才，必须具备一定的专业知识及多种职业知识，如管理学、网络、市场学等。

3. 能力

创新创业型体育人才应该具备的能力有很多，主要包括以下几个方面：

（1）创造能力

创新不仅是人才创造能力的具体体现，而且是人才所固有的本质特征。在继承前人知识的基础上，发展新理论与新技术是体育人才创造性的表现。

当代体育充满竞争，创新创业型体育人才必须具有与众不同的思维创新力与创造力。创造能力强弱是由知识水平与能力素质所决定的，知识水平越高、能力素质越强的人能更好地发掘潜在的创造力。

（2）竞争能力

竞争是体育人才固有的本质属性。优胜劣汰是体育竞赛的规律，同时也是推动体育事业发展的重要动力，没有竞争精神的人很难成为体育人才。

在体育工作和运动训练中所表现出的勤奋学习、努力工作、刻苦锻炼、顽强拼搏、勇于献身的精神，都是体育人才竞争性的具体体现。

（3）合作能力

现代社会中需要各种各样的合作。良好的合作可以有效增加自身的竞争能力，从而在市场竞争中更好地面对挑战。因此，创新创业型体育人才的培养必须重视合作能力的培养。

除了上述能力之外，体育人才还需要具备对体育人才的管理能力、媒体应对能力以及突发事件的处理能力等。

4. 素质

（1）体能素质

从事与体育相关的行业并进行创业应具备良好的身体素质。体能素质是体育人才的必备基础，体能是对体育人才进行培养的重要内容。

（2）技战术

与竞技体育密切关联的创业型人才必须对所从事运动项目的技战术有充分了解，这对于寻找市场切入点、拓展人际关系等都具有非常重要的作用。因此，对体育后备力量的技战术的培养是实现和完成体育人才培养的重要组成部分，同时也是提高体育人才竞争力的根本途径。

（3）心理素质

良好的心理素质有助于体育人才心理活动水平的不断提升，不良的心理状态会对体育人才的决策产生消极影响，甚至还会对自身与企业造成重大的损失。因此，对于创新创业型体育人才而言，不仅需要良好的体能素质以承担创业过程中劳动的艰辛，而且还需要具备良好的心理素质。良好的心理素质还具有调节体育人才心理活动能力的作用，能消除与治疗以往形成的心理障碍，使创新创业型体育人才始终保持创业的激情与活力。

三、创新创业型体育人才的培养

（一）创新创业型体育人才培养的原则

1. 注重职业道德的培养

职业道德教育是成为合格人才的重要保证。一个人要想最终成为人才，首先应该有坚定的事业心，同时要有祖国荣誉感以及社会责任感，其次应积极养成各种优良品质与文明习惯，全身心投入专业理论知识的学习与自身素质的提高中。

需要注意的是，创新创业型体育人才的职业素质应该与体育事业的发展相统一。职业素质在体育人才的培养过程中占据非常重要的地位，在训练的过程中应该加强创新创业型体育人才职业素质的培养。

2. 突出个性特征

在培养创新创业型体育人才时，培养者应该善于把握不同人才的个性特征，积极发掘对创新创业有重要促进作用的个性特点，有针对性地进行培训和发扬。另外，还应该摒弃一些不良的个性特征，在发展体育人才各项能力的基础上做到区别对待、因材施教，从而最终实现理想的人才培养效果。

在体育人才的培养过程中，之所以要重视突出个性特征主要是由于体育事业的发展需要多种类型的人才，充分发挥自身的各项优势有助于创新创业型体育人才更有针对性地进行职业规划，创业的成功率也会相应提升。

3. 因材施教原则

因材施教与突出个性特征是相辅相成的，两者都是创新创业型体育人才培养应该遵循的原则。

具体来讲，创新创业型体育人才的因材施教原则是由不同体育人才个体之间的差异性所决定的。在市场化经济发展背景中，体育市场化、产业化和职业化发展迅速，实施因材施教原则能够使创新创业型体育人才的积极性得到充分调动，使其更好地适应社会发展。

（二）体育人才培养的过程

体育人才的培养不仅需要花费大量的人力、物力、财力，同时还要有科学的体育人才培养系统作保证。具体来讲，优秀体育人才的培养过程大致如下：

1. 分析人才需求

人才培养需求分析是体育组织制定培养计划与决策的前提和基础，同时也是体育组织进行体育人才培养活动前必须进行的重要环节。一般情况下，体育人才需求分析是由主管培养的人员根据工作特性、标准、要求等对人力资源的知识水平、能力水平、个人特质等所进行的科学分析。

2. 制定培养目标和计划

制定培养目标和计划有助于为体育人才的培养提供正确的方向和实施标准，是体育人才培养过程的重要环节。如果没有明确的目标和计划，体育人才培养的实施就不能够得到很好的保证。

在制定体育人才培养目标和计划时，应该将体育人才的个人需求与社会对体育人才的需求作为重要参考依据，同时还应该注意培养目标的明确性与可操作性。

3. 评估培养效果

科学进行培养效果评估有助于经验的总结，从而为下一次体育人才的培养提供参考，这对于改进体育人才培养的质量非常有帮助。

第四章　双创背景下体育院校大学生创新创业的准备阶段

本章为双创背景下体育院校大学生创新创业的准备阶段，主要从提升专业素质与能力、了解相关政策、把握创业机会、选择创业项目、组建创业团队五方面展开论述。

第一节　提升专业素质与能力

一、提升心理素质

（一）自信心的培养

自信是对自身力量的确信，即深信自己一定能做成某件事，实现所追求的目标。成就事业需要有自信，有了自信才能产生勇气、力量和毅力，才能战胜困难，实现目标。但要注意，自信决非自负。提升自信心的方法主要有以下几种：

（1）积极的自我暗示。相信自己能行，他人能做到的事，相信自己也能做到。大学生可以在课桌上、床沿边贴上激励语，如"我行，我能行，我一定行""我是最好的，我是最棒的"等。每天默念几次，久而久之，就能够通过积极的自我暗示鼓舞斗志，逐渐增强自信心。

（2）丰富知识仓库。这是建立自尊、提升自信的基础。人若没有必要的知识储备，自信就失去了基础。拥有一技之长的人在任何时候都不容易露怯。因此，大学生必须要勤奋学习，完善知识结构，拓宽知识面，不仅要具备必要的专业知识，而且要广泛涉猎其他相关领域的知识。

（3）注意仪表，保持精神风貌。整洁得体的仪表更容易得到别人的夸奖，能够增强人的自信心。所以，大学生要注重仪表细节，做到整洁大方。

（4）机会青睐有准备的人。很多人之所以遭遇失败，是因为机会来临时准备得不够充分。在平时的学习和生活中，大学生应尽最大的努力做好充分准备。当机会来临，应仔细分析、权衡利弊，充分利用。若结果不如人意，也不必过分纠结，要善于总结，努力提升自己的短板，争取把握住下次机会。

（5）坚持当众讲话，勇敢吐露见解。当众讲话是建立自信心最快的方式，大学生只有敢于当众讲话，才能有更大的收获，增强自信心。

（二）冒险精神的培养

创业者是创业活动的主导者，是创业团队的灵魂。创业过程中会面临各种各样的决策，而创业者的每一个决策都左右着创业的发展方向和兴衰。因此，创业者在做出决策时，一定要经过深思熟虑，慎之又慎。与此同时，创业者也要具备一定的冒险精神，否则会因优柔寡断而失去机会。培养冒险精神的方法主要有以下几两种：

（1）多实践、多行动。多实践、多行动就是敢于做自己想做的事。在实践和行动中磨炼自己，培养自己临危不惧、泰然自若地应对各种突发事件的能力。

（2）多和有胆量、敢于冒险的人接触。学习他们的勇敢精神是增强胆量、培养冒险精神的有效途径。

（三）毅力的培养

《孟子》云："天将降大任于斯人也，必先苦其心志，劳其筋骨，饿其体肤，空乏其身，行拂乱其所为，所以动心忍性，曾益其所不能。"[①]生动地说明了毅力的重要性。大学生要想实现创业目标必须有毅力，这样才能克服一切困难。培养毅力的方法主要有以下几种：

（1）将积极行为转变成习惯。在生活中，当人的某种行为得到有规律地重复，习惯就建立起来了。大学生要善于将生活中的积极行为（如健身、阅读等）转变为习惯。

（2）从小事做起。我国著名的地质学家李四光以工作细致、一丝不苟著称，这与他年轻时就锻炼自己每步走 0.8 米这类小事不无关系。从小事做起，逐步克服惰性和困难就是培养毅力的过程。

（3）由易入难。有些人很想善始善终地做完某件事，但往往因为难度太大而难以为继。因此在确定奋斗目标时，一定要坚持从实际出发、由易入难的原则。

二、提升道德素质

（一）诚信的培养

诚信是立国之本、立业之本，一个健全的社会一刻也离不开诚信。人无信不立，商无信不誉，市无信不兴，企业无信不昌。诚信的培养可以从

---

① 罗英桓.中华文化大智慧（嘉言篇）[M].北京：华文出版社,2015

以下两个方面着手：

（1）以诚待人。从创业的角度来看，诚信主要表现为以诚待客、货真价实、公平买卖、信守合同、偿还借贷、不做假账等。商家只有以诚待客，方能赢得顾客盈门。

（2）言出必行。努力做到言行一致，表里如一。创业活动是人与人之间的社会活动，在开展合作的过程中，创业者一定要遵循事先的约定，切忌以次充好。在日常的学习和生活中，大学生也要言出必行，严格要求自己。

（二）责任心的培养

责任心是指一个人具有对自己、家庭、组织及社会等主动担负责任的意识。要成为富有责任心的人，需要从以下几个方面努力：

（1）从身边事做起。对大学生来说，珍惜现有的学习环境，努力学习专业知识，积极参与各类校园活动，提升各方面的技能，就是对自己负责任的表现。在生活中，大学生能够做到勤俭节约，不过分追求物质、金钱，不向父母提出过分的要求，主动承担家务，就是对家庭负责任的表现。作为社会公民，大学生多帮助身边有困难的同学和朋友，不乱扔垃圾，不随地吐痰，遵守公共秩序和交通规则，就是对社会负责任的表现。

（2）多关注社会时政要闻。在日常的学习和生活中，大学生除了完成自身的学习任务外，还应广泛关注国家、社会的时事热点，增强家国意识，培养民族自豪感和爱国情怀。

（三）法律意识的培养

创业者要熟知所处行业的各项法律规定，确保创业活动不触碰法律红线。法律意识的培养可以从以下两个方面开展：

（1）学习法律知识。通过关注社会热点法律问题，大学生可以深入了解我国相关领域的法律法规，逐渐提高自身的法律素养。

（2）树立正确的法制观念。法制教育的目的在于让全体公民形成自觉守法、用法、自觉同违法犯罪行为做斗争的法制观念。但观念的形成仅仅依靠法律知识的学习是不够的，必须同世界观、人生观、价值观教育相结合。法律意识只有建立在正确的思想基础上，才能从内心深处产生学法、懂法的需求，从而自觉捍卫法制尊严，依法办事。

（四）勤俭习惯的培养

勤俭节约是中华民族的传统美德。创业者应养成勤俭节约的习惯，具备艰苦朴素的生活作风，才能适应创业过程中的各种低谷和困难阶段。要培养勤俭节约的习惯，应做到以下几点：

（1）树立崇尚节俭的意识。大学生应从小事做起，如节约用电，做到人在开灯，人走断电，不要浪费能源；日常出行尽量选择公共交通。

（2）养成记账的习惯。大学生应定期做预算，并随手记录日常消费，遇到想买的东西时，先想一想自己是否真的需要，再决定是否要买，做到理性消费。

（3）不盲目攀比。大学生要根据自己的经济水平合理消费，不在消费行为上互相攀比。否则，极易形成追逐消费热点、负债超前消费等，造成不必要的浪费。

三、提升专业素质

（一）专业能力的培养

虽然创业所需要的知识和自身所学的专业不一定存在必然联系，但在锁定了创业方向后，大学生就要利用业余时间加强相关专业知识的学习。否则，要想创业成功是会有很大困难的。在校学习期间，大学生可从以下几个角度提高自己的专业能力：

（1）爱上所学的专业。每一个专业领域都独具特色，大学生要在学习中克服自身惰性，发掘所学专业的独特魅力，努力学习每一门专业课程，为创业打好理论基础。

（2）在实践中不断提高专业技能。大学生应通过参与各类专业赛事，如"互联网+"双创大赛、"挑战杯"竞赛、机器人竞赛、编程设计大赛等提升自己的专业技能，加强对专业领域的认识和了解。

（二）社交能力的培养

在创业过程中，创业者需要与不同行业、不同性格的人沟通，良好的社交能力对创业者来说十分重要。想要提高社交能力，一般需要做到以下几点：

（1）学会聆听。学会聆听别人说话，并且领会别人话里的深层含义，以获得自己所需的信息。通过聆听客户的反馈，创业者可以了解客户的真实体验，了解产品或服务存在哪些不足，需要从哪些方面来提升和改进。通过聆听合作伙伴的意见，创业者可以了解公司目前存在的问题。

（2）主动交往。大学生要提高自己的自信心，勇敢地与他人交流。遇到比自己能力强的同学、朋友不要自卑，要学习他人的优点。即使面对陌生人，也应主动微笑、打招呼。

（3）勇于承认错误。在日常交往过程中，如果因自己的行为举止不当而使别人遭遇尴尬，一定要及时承认错误，真诚地向对方表示歉意。

第二节 了解相关政策

很多人都有创新创业的热情，但在创新创业的过程中难免会遇到坎坷。国家和各级地方政府为支持创新创业者勇敢迈出第一步，推出了一系列政策措施，为创新创业的每一步保驾护航。

一、"大众创业、万众创新"方面的政策

推进"大众创业、万众创新"是发展的动力之源，也是富民之道、公平之计、强国之策，对于推动经济结构调整、打造发展新引擎、增强发展新动力、走创新驱动发展道路具有重要意义，是稳增长、扩就业、激发亿万群众智慧和创造力，促进社会纵向流动、公平正义的重大举措。

为大力推进"大众创业、万众创新"，国家、地方政府出台了一系列相关扶持政策，保证公平公正的创业环境政策和制度。

从国家层面上看，出台了《中共中央国务院关于深化体制机制改革加快实施创新驱动发展战略的若干意见》《国务院关于大力推进大众创业万众创新若干政策措施的意见》《中国制造 2025》等政策。

二、"互联网 +"方面的政策

"互联网 +"是创新 2.0 下的互联网与传统行业融合发展的新形态、新业态，是知识社会创新 2.0 推动下的互联网形态演进及其催生的经济社会发展新形态。2014 年 11 月，李克强总理出席首届世界互联网大会时指出，互联网是"大众创业、万众创新"的新工具。

2015 年 3 月 5 日，李克强总理在十二届全国人大三次会议政府工作报告中首次提出了"互联网 +"行动计划。① 李克强总理在政府工作报告中提出，"制定'互联网 +'行动计划，推动移动互联网、云计算、大数据、物联网等与现代制造业结合，促进电子商务、工业互联网和互联网金融健康发展，引导互联网企业拓展国际市场。

2015 年 7 月 4 日，国务院印发《关于积极推进"互联网 +"行动的指导意见》。这是推动互联网由消费领域向生产领域拓展，加速提升产业发展水平，增强各行业创新能力，构筑经济社会发展新优势和新动能的重要举措。

三、全国高校毕业生创业优惠政策

为鼓励和支持高校毕业生（毕业后两年内，下同）自主创业，以创业带动就业，国家和各级政府出台了许多优惠政策，涉及企业注册登记、金融贷款、税收缴纳、企业运营等诸多方面。对打算创业的大学生来说，了解这些政策，才能走好创业的第一步。

（一）企业注册登记方面

1. 程序更简化

凡高校毕业生申请从事个体经营或申办私营企业的，可通过各级工商部门注册大厅"绿色通道"优先登记注册。其经营范围除国家明令禁止的行业和商品外，一律放开核准经营。

对于限制性、专项性经营项目，允许边申请边补办专项审批手续。对在科技园区、高新技术园区、经济技术开发区等经济特区申请设立个体私

---

① 张晨玉，任佳丽，李琼. 知行合一 [M].上海：上海交通大学出版社 ,2020.

营企业的，特事特办，除了涉及必须前置审批的项目外，试行"承诺登记制"。申请人提交登记申请书、验资报告等主要登记材料，可先予颁发营业执照，让其在 3 个月内按规定补齐相关材料。

凡申请设立有限责任公司，以高校毕业生的人力资本、智力成果、工业产权、非专利技术等无形资产作为投资的，允许充抵 40% 的注册资本。

2. 减免各类费用

除国家限制的行业外，工商部门自批准经营之日起 1 年内免收个体工商户登记费（包括注册登记、变更登记、补照费）、个体工商户管理费和各种证书费。对参加个私协会（个体劳动者协会、私营企业协会）的，免收 1 年会员费。

对高校毕业生申办高新技术企业（含有限责任公司）的，注册资本最低限额为 10 万元，如资金确有困难，允许分期到位。高校毕业生从事社区服务等活动的，经居委会报所在地工商行政管理机关备案后，1 年内免予办理工商注册登记，免收各项工商管理费用。

（二）金融贷款方面

1. 优先贷款支持、适当发放信用贷款

加大高校毕业生自主创业贷款支持力度，对于能提供有效资产抵（质）押或优质客户担保的，金融机构优先给予信贷支持。有关高校毕业生创业贷款，可以高校毕业生为借款主体，由家庭或直系亲属家庭成员的稳定收入或有效资产提供相应的联合担保。对于资信良好、还款有保障的，在风险可控的基础上适当发放信用贷款。

2. 简化贷款手续

通过简化贷款手续，合理确定授信贷款额度，一定期限内周转使用。

3.利率优惠

对高校毕业生创业贷款给予一定的优惠利率扶持，视贷款风险度不同，在法定贷款利率基础上可适当下浮或上浮。

（三）税收缴纳方面

凡高校毕业生从事个体经营，自工商部门批准其经营之日起 1 年内免交税务登记证工本费。新办的城镇劳动就业服务企业（国家限制的行业除外），当年安置待业人员（含已办理失业登记的高校毕业生，下同）超过企业从业人员总数 60% 的，经主管税务机关批准，可 3 年免纳所得税。劳动就业服务企业免税期满后，当年新安置待业人员占企业原从业人员总数 30% 以上的，经主管税务机关批准，可减半缴纳所得税 2 年。

（四）企业运营方面

1.员工聘请和培训享受减免费优惠

高校毕业生自主创业的，自工商部门批准其经营之日起 1 年内，可在政府人事、劳动保障行政部门所属的人才中介服务机构和公共职业介绍机构的网站免费查询人才、劳动力供求信息，免费发布招聘广告等；参加政府人事、劳动保障行政部门所属的人才中介服务机构和公共职业介绍机构举办的人才集市或人才、劳务交流活动给予适当减免交费；政府人事部门所属的人才中介服务机构免费为创办企业的高校毕业生、优惠为创办企业的员工提供一次培训、测评服务。

2.人事档案管理免两年费用

高校毕业生自主创业的，政府人事行政部门所属的人才中介服务机构免费为其保管人事档案（包括代办社保、职称、档案工资等有关手续）2 年。

3. 社会保险参保有单独渠道

高校毕业生自主创业的，可在各级社会保险经办机构设立的个人缴费窗口办理社会保险参保手续。

第三节 把握创业机会

一、创业机会

（一）创业机会的内涵

创业机会有大有小，但不是每个机会都适合创业者去把握。创业机会的大小决定了创业者不同的市场地位。

一是市场的领导者。创业者如果实力雄厚，能够把握大的创业机会，可以处于市场上的领导者地位。

二是市场的挑战者和跟随者。创业者如果实力一般，能够把握中等的创业机会，可以处于市场上的挑战者和跟随者的地位。

三是市场的补缺者。创业者如果实力比较弱小，只能够把握较小的创业机会，也可以处于补缺者的地位。

创业者必须准确评估自身实力，并根据自身实力选择匹配的创业机会才能获得成功，"蚂蚁啃大象"或者"杀鸡用牛刀"都是不可取的。

（二）创业机会的识别

创业机会有显性和隐性之分。显性的需求大多数创业者都能看见，因此竞争也非常激烈，更容易变成"红海市场"。隐性的需求只有少部分有视野和格局的创业者才能看到，因此竞争者非常稀少，会成为利润优厚的"蓝海市场"。创业者更应该致力于寻找隐性需求并把握这样的创业机会。

1. 创业机会识别的影响因素

创业机会识别过程是一个不断调整、反复均衡的过程，不同的创业者关注的创业机会是不一样的，即使是同一个创业机会，不同的人对其评价往往也不同。因此，机会识别过程的影响因素成为研究重点之一。在影响机会识别的各项因素中，既有创业者个体的因素，也有环境的因素。具体而言，个体因素包括创业警觉性、认知学习能力、创业动机、资源禀赋、先验知识、自信、个人特质、社会网络等。

2. 创业机会类型

创业机会大致上可以被分类为趋势型机会、问题型机会和组合型机会。

（1）趋势型机会

趋势型机会，是指创业者通过密切观察趋势，从而创造出新的有效需求的机会。经济因素、社会因素、技术进步、政治活动与制度变革是创业者要遵循的最重要的趋势。把握这些趋势有两种途径：一是认真研究并观察这些趋势。一般来说，具有丰富的产业经验和较强的创造性，并有良好的社会网络和警觉性的创业者，更可能发现趋势并正确理解它们。二是从独立调查公司购买定制化的预测和市场分析报告。

（2）问题型机会

问题型机会，是指创业者发现了现有产品、服务、原材料和组织方式等层面的差距，并通过其创造性思维找出了某种改进可能性的机会。

研究表明，一些创业机会其实是某个人为了解决某一实际问题的体现。在解决问题的过程中，创业者意识到解决方案将有更广泛的市场吸引力，从而引发其创业过程。"共同事业组织"创始人约翰·加德纳说："每个问题背后都是一个被精巧掩饰的机会。"

（3）组合型机会

组合型机会，是指将现有的两项以上的技术、产品、服务等因素组合起来，满足用户新用途而获得的创业机会。

二、创业机会的选择

目前更多的人选择自主创业这条路，面对众多项目，如何选择适合自己的，是大多数投资者最为关心的。

1. 遵循"三做"原则

选择创业项目时的最基本原则是：做自己熟悉的，做自己喜欢的，做自己能做的。每个人都有自己的长处，比如有人对某个产品比较熟悉；有人在技术上有专长；有人善于公关和沟通等。只要能充分发挥自己的优势，选择自己有兴趣、熟悉的创业项目，那创业就成功了一半。

2. "退出成本"概念

创业难，守业更难。创业指导专家普遍认为，对于创业人员来说，要有"退出成本"的概念。简单地说，"退出成本"就是投资者退出项目时，由投资本金所带来的实际损益价格。

3. 加盟也有风险

专业连锁的良好经济效益是被投资者普遍看好的原因之一。然而，行业好不代表就能赚钱，加盟连锁企业依然存在着风险。因此，选址在一定程度上决定了创业是否能成功。创业者还必须明白，有些所谓的特许加盟项目，实际上是利用连锁的形式在变相地推销产品设备，他们既不承担风险，也没有连锁经营的统一管理，甚至个别还有欺诈中小投资者资金的事情发生。因此，如果没有十足的把握，绝不要轻易加盟那些没有实力、没有品牌名气的不成熟的连锁企业。

4.需求就是机会

事实上，只要存在尚未满足的需求就有市场机会。目前世界市场上的商品（含服务）有一百余万种，而国内仅 18 万种，这给创业者留下了广阔的创业空间。识别需求一般遵循以下几点：市场调研、系统分析、问题导向、创新变革。

第四节　选择创业项目

一、服务类

（一）体育竞赛表演活动

1.职业体育竞赛表演活动

它包括商业化、市场化的职业体育赛事活动的组织、宣传、训练以及职业俱乐部和运动员展示、交流等活动。

2.非职业体育竞赛表演活动

包括公益性的非职业或业余体育赛事活动的组织、宣传、训练、展示和交流等活动。

（二）体育健身休闲活动

1.休闲健身活动

包括日常健身以及冰雪、山地、水上、航空、汽车和摩托车等户外运动，同时还包括时尚、民族特色运动等。

2. 体育文化活动

（1）群众体育文化活动。包括由城乡群众参与的社区、乡村（含全民健身活动站点、文体活动站以及老年、少儿体育活动中心等）体育文化展演、交流等公益性群众体育文化活动。

（2）民族民间体育活动。包括区域特色、民族民间体育（含少数民族特色体育）的保护和活动组织。

（3）其他休闲健身活动。包括体育电子游艺活动，网络（手机）体育游艺、展演以及电子竞技等体育娱乐活动。

（三）体育类培训

体育培训既包括各种体育培训机构、专项运动俱乐部的体育技能培训（武术、棋类、赛车、气功等），也包括青少年、少儿体育培训，体育经营管理、创意设计、科研、中介等体育专门人才培训。但就目前的市场需求来讲，针对青少年的单项培训和针对体育高考的专项培训市场空间更大。一方面，国家体育总局制定的《"十四五"体育发展规划》中明确提出加强体教融合，促进青少年体育健康发展；鼓励培育青少年体育社会组织、完善青少年体育竞赛活动体系。另一方面，受体育高考政策变化影响，近几年体育高考报名人数逐年攀升。以山东省为例，体育高考报名人数从 2018 年的 13441 人到 2022 年的 22801 人，增速明显，市场需求巨大。

体育培训类企业的模式一般有以下三种：

（1）资源共享型。依托专业体院院校或高水平运动队平台，利用平台的人力资源优势和品牌效应，这类企业的选址一般会在体育院校获运动队周边，这也是比较常见的模式。

（2）生源可控型。依托具有生源优势的中学或中专，充分掌控培训生源。

（3）校企合作型。这一类企业一般会采取长期驻校（中学）训练和短期入校（体育院校）集训的形式。既能保证关键期的高水平训练指导，又能避免平时文化课学习的缺失，很大程度上缓解了学训矛盾。

二、产品类

（一）体育及相关产品制造

1.体育用品制造

包括球类制造、体育器材及配件制造、训练健身器材制造、运动防护用具制造和其他体育用品制造。

2.特殊体育器械及配件制造

包括武术器械和用品，运动枪械、运动枪械用弹，可穿戴运动监测装备，体育场馆用显示屏、计时记分系统等设备制造；卡丁车场、赛车场（含汽车和摩托车）等显示器、计时记分设备；飞行风向标、测风仪制造；无线电测向、导航、定向用电子打卡计时设备及运动轨迹实时监控系统等制造。

3.体育服装鞋帽制造

（1）运动服装制造。包括田径服、球类运动服、水上运动服（含泳装）、举重服、摔跤服、体操服、体育舞蹈服、击剑服、赛车服、航空运动服、登山和户外运动服、冰雪运动服、领奖服和体育礼服等及其相关服饰制造。

（2）运动鞋帽制造。包括纺织面运动鞋、运动皮鞋、运动用布面胶鞋、运动用塑料鞋（靴）及其他运动鞋制造，运动帽、游泳帽制造。

4.体育游艺娱乐用品设备制造

包括台球器材及配件、沙狐球桌及其配套器材、桌式足球器材及配件、棋类娱乐用品、牌类娱乐用品和专供游戏使用的家具式桌子的制造，带动力装置仿真运动模型及其附件制造，保龄球设备及器材制造。

5.其他体育用品及相关产品制造

包括运动饮料、运动营养品生产，按摩器材、户外帐篷制造，人造运动草坪、运动地板、运动地胶、体育场馆看台座椅和移动游泳池等制造。

（二）体育场地设施建设

1.室内体育场地设施建设

室内体育场地设施包括体育馆工程服务、体育及休闲健身用房屋建设活动，室内运动地面（如足球场、篮球场、网球场等）及室内滑冰、游泳设施（含可拼装设施）的安装施工活动。

2.室外体育场地设施建设

包括室外田径场、篮球场、足球场、网球场、高尔夫球场、跑马场、赛车场和卡丁车赛场以及室外全民体育健身工程（含健身路径、健身步道等）设施等室外场地设施的工程施工活动。

三、其他类

（一）开展体育产品和服务的创新创业

开展体育产品和服务的创新创业既包括体育产品类又包括体育服务类，是两种大类的集合。例如，研发创新型体育产品，同时也进行体育产品的销售等服务型工作。

（二）在其他领域开展以体育为主题的产品或服务

在其他领域开展以体育为主题的产品或服务是指所从事的创新创业内容不属于体育领域，但是在开展创新创业的过程中，体现了体育产业创新创业的要素，并将其作为手段进行了良好的运用。例如，从事幼儿托管教育行业，可以开展幼儿体育活动、亲子活动等，使体育融入其中；从事餐饮服务行业，可以开展足球或篮球为主题特色的餐饮；在从事企业外部培训的过程中，开展有特殊的体育比赛、游戏等活动。

第五节　组建创业团队

一、创业团队组建的原则

创业团队的组建要符合一些基本原则，而体育技能培训创业团队是一般性创业团队中一种较为特殊的类型。其组建的原则，首先要符合一般性创业团队组建的基本原则，其次要具有体育技能培训的特性，更要强调体育技能培训教育背景下共同的理念与价值观。

（一）共同的体育发展理念与价值观原则

认可、信服体育技能培训创业团队的目标与价值观，是团队成员加入的首要条件。众所周知，创业是一件需要冒风险、吃苦头的事情，甚至还要牺牲唾手可得的眼前利益。不认可体育技能培训创业团队的目标与价值观，就不会觉得这是一件自己真正想干的事。若勉强加入了团队，在以后的创业过程中遇到风风雨雨也会丧失信心、临阵脱逃。因此，应在相互了解、相互信任的基础上，组建具备共同体育发展理念与价值观的创业团队。

（二）互补合作原则

团队成员之间应在知识、技术、能力、经验、资源、性格等方面形成互补。弥补缺点，发挥优势，是形成体育技能培训创业团队最大合力的前提。体育技能培训创业团队虽小，但是"五脏俱全"。创业团队成员不能是清一色的体育技术成员，也不能全部是搞市场营销推广的人员。例如，高尔夫培训团队中既要有高尔夫教练员、草坪护养专业人员，也要有管理专业的人员以及市场营销专业的人员等。优秀的创业团队成员各有各的优势，大家结合在一起，相互补充，相得益彰。

（三）精简高效原则

诸多创业失败案例表明，若创业团队人员过于臃肿，可能会引发一些资金问题导致破产。因此，人多力量未必大，人尽其职最关键，如足球队的前锋、后卫、门将等。体育技能培训创业团队成员也要注意贵精不贵多。为减少创业期的运作成本、最大比例地分享成果，创业团队人员的构成应在保证体育技能培训机构高效运作的前提下尽量精简。另外，要关注团队效力（team effectiveness），在成员精简的前提下明确各成员的优劣势，合理进行分工与协作，并有效整合体育技能培训内外部资源，实现整体大于部分之和，建设高效力团队。

（四）动态开放原则

体育技能培训创业是一个甘冒风险、不怕失败、争取成功的过程，其中充满了诸多的未知性和不可确定性。体育技能培训团队中可能因为能力、观念等多种原因不断有人离开，同时也有新的人才要求加入。因此，在组建体育技能培训创业团队时，应注意保持团队的动态性和开放性，使真正完美匹配的人员能被吸纳到创业团队中来。

二、创业团队组建的步骤

创业团队的组建是一个相当复杂的过程，不同类型的创业项目所需的团队不一样，组建步骤也不完全相同。

（一）明确创业目标

为吸引合适的创业伙伴，组建体育技能培训创业团队，一方面应当使自己的创业思路明晰，另一方面必须将自己掌握的创业机会形成一定的创意，进而形成创业目标。创业者形成的创业目标也就是为组建创业团队设立的目标。这样更能够吸引创业伙伴，使想要加入创业团队的成员对未来发展有充分的了解，更易于合作。

（二）物色筛选合伙人

创始人作为创业活动的发起者和组织者，多是具有使命、荣誉、责任和思考、推理、判断能力的人。创业者的能力直接决定了需要什么样的团队成员。这就要求创始人必须对自身有正确的认识，认识到自身在创业过程中存在哪些不足。创业者对自己有一个理性的认识后，下一步的工作就是选择合适的创业伙伴。创业者必须从知识、技能、经验、社会网络、价值观等方面挑选适合的合伙人加盟，形成强有力的核心创业群体。

（三）制订创业计划

围绕如何实现体育技能培训创业的目标，根据前期的市场调查情况和汇总的团队成员资源情况，首先制订体育技能培训创业的总体计划（确定企业战略、产品策略、市场策略等），其次制订分阶段、分步骤的详细实施计划，责任到人，奖惩到位，对照目标，动态管理，以落实体育技能培训创业的总体计划。

（四）招募合适的人员

体育技能培训创业团队的资金往往偏紧，因此在招募人员时要注意贵精而不贵多。通常而言，团队的规模控制在 7 人以内较为合适。在招募人员时要考虑对方的人品、能力、性格、互补性等因素，但这些深层次的特征很难直接地观测出来。体育技能培训隶属教育、培训等行业，在招募核心人员，如教练员时，应多从教育背景和教练工作经历等方面来考察其能力。

（五）职权明确划分

体育技能培训机构的创业团体中各成员各司其职、有职有权、权责相当，才能保持团队的高效运转。有人负责新创体育技能培训机构的全面工作，有人负责体育技能培训机构决策，有人负责体育技能培训市场营销与拓展等，这样才有利于体育技能培训创业团队形成合力，实现创业目标。团队成员的职权不明会引起许多不必要的冲突。为了避免出现这一问题，有效的做法就是对体育技能培训创业团队成员的职权进行清晰的界定和划分，并根据创业实际需要随时做动态的调整。

（六）构建制度体系

创业团队逐步组建后，如何有效管理是一个重要的问题。创业团队的管理有其特殊性，其重点在于团队人力资源的整合、激励和调整等方面。要想有效管理创业团队成员应构建起创业团队的制度体系，主要体现在团队的约束制度和激励制度上，并采用规范的书面形式确定下来。约束制度纪律包括规定、行政制度、人事制度、生产管理制度、财务条例、保密条例等，但应考虑创业团队的管理特点，约束制度不可过于严格、死板，应实行人性化管理。激励制度包括薪酬制度、股权激励制度、绩效考核制度、奖惩制度、荣誉制度等。激励制度在凝聚人心、打造团队和调动成员主动性、积极性与创造性方面都具有不可替代的作用。创业团队的制度都是服务于创业目标的，制定时要有灵活性，需要时可增可改。

（七）团队的调整与融合

虽然体育技能培训创业团队成员是为了共同的目标走到一起，但是毕竟大家的性格、背景、利益诉求、做事方式都不同，矛盾和冲突是必然的。团队领导要通过开诚布公、耐心细致的沟通与协调来弥合分歧、化解矛盾，并对团队的职权划分、人员安排等做出合理的调整，以利于体育技能培训团队成员的融合。随着创业的发展和团队的运作，原先组建时考虑不周、不合理的安排也会暴露出来，因此团队的调整与融合势在必行，而且需要一个过程。通过团队文化的建设，提倡团队意识、团队精神，造就和谐的团队氛围，能够大大促进团队调整与融合的顺利进行并取得良好的效果。

第五章 双创背景下体育院校大学生创新创业的实践阶段

本章是双创背景下体育院校大学生创新创业的实践阶段，从设计商业模式、撰写创业计划书、筹集创业资金、整合创业资源、新创企业开办与运营管理、防控创业风险等方面展开了论述。

第一节 设计商业模式

一、商业模式的开发

经济外环境的巨大变化促使经济个体（企业）的商业模式及其管理不断变革和科学优化。

商业模式的重要性：

第一，商业模式可作为可行性分析的延伸。

第二，商业模式使人们的注意力集中于企业要素如何匹配以及如何构成企业整体上。

第三，商业模式解释了使商业创意具有可行性的参与者群体为何愿意合作的原因。

第四，商业模式向所有的利益相关者（包括员工）阐述了企业的核心逻辑。

商业模式在开发过程中应当注重创新。所谓商业模式创新，是指对目前行业内通用的顾客创造价值的方式提出挑战，力求满足顾客不断变化的要求，为顾客提供更多的价值，为企业开拓新的市场，吸引新的客户群，只有在创新的基础上，才能够最大程度上创造出成功的商业模式。

商业模式创新的特点：

第一，商业模式创新更注重从客户的角度，从根本上思考设计企业的行为，视角更为外向和开放，更多注重和涉及企业经济方面的因素。

第二，商业模式创新表现得更为系统和根本，不是单一因素的变化。

第三，从绩效表现看，商业模式创新能提供全新的产品或服务。

二、商业模式设计步骤

（一）谁是我们的付费用户

客户消费能力分析。采用理性的销售方法和对客户的选择，要根据客户的消费能力来设计计划，根据自己销售产品的特征选择目标客户，同时在进行客户群定位过程中，要把握好客户群的分析调查工作，这是准确定位客户的前提。

客户关系管理的一个主要功能是实现这一切所需要的一种能够持续与客户交流的工具。企业的经营需要逐步由"以产品为中心"的模式向以客户为中心"的模式进行转移。

（二）我们给客户带来什么好处

1.抓住客户的关注点。不同的客户对商品的关注点不一样，要了解目标客户的特点及需求，并根据市场情况和行业经验揣测并判断客户的关注点。

2.表明我们对客户的价值。每个企业都有特定的价值，要让客户感知并认可我们的价值。向客户介绍的重点是独特卖点与竞争优势，并说明我们的独特与优势可以为客户创造哪些可视性的价值，并找到针对某一问题的共赢的解决方案。

3.如何让客户知道我们。清晰了产品售卖价值、找到了潜在客户位置后，还要建立起与客户的沟通渠道，通过投放广告、搜索引擎优化等方式增加品牌知名度，在经营销售过程中，利用发放折扣、促销优惠等方式吸引潜在客户。

4.如何将产品送达客户。实体商品利用快递或开设直营门店等方式送达客户，虚拟商品利用邮箱、App 商店等方式送达客户。

5.我们的核心任务是什么。融资：在企业的创办和经营过程中没有持续的现金供给就会出现现金断流，这就产生了融资的需求，资金需求是以经营中的现金为依据的。成功的融资首先要找到正确的融资渠道，规划适宜的融资方式，制定合理的融资计划书。

6.我们还缺少什么。打造优秀的创业团队：人力资源是企业发展的关系要素，成功组建与管理创业团队是成功的创业者需要具备的主要能力之一，必须了解如何组建、发展、凝聚及管理一个成功的团队。

7.谁能帮我们。风险投资：风险投资基金是以一定方式吸纳个人和机构的资金投向一些不具备上市资格的中小企业及新兴企业，无需风险企业的资产抵押担保，手续相对简单。现在成功的企业，如百度、阿里巴巴等，都是通过风险基金的支持建立发展起来的。

8.我们有多少赚钱的产品。

除主体产品外，也要注重其余延伸附加产品价值（企业在保证研发主体产品盈利的同时，还要注重发掘主体产品的延伸价值，如产品专利技术、APP 内容下载）。

9.我们需要投入多少成本。任何项目从启动到盈利都会有一个潜伏期，需要预测创业所需资金，降低资金成本。启动资金是创业最初投资的主要资金来源，是创业启动和筹建时可以动用的钱，其中包括固定资产投资、原料首期进货、经营费用及应对不确定费用支出。

第二节　撰写创业计划书

一、撰写创业计划书的步骤

（一）第一阶段：创业构思

创业构思包括产品定位和环境分析。

1.产品定位。好的创业构思建立在市场需求和产品的开发上，而好企业建立在好的构思上。在创业前，创业者要给自己的产品或服务一个明确的目标定位，分析市场的需求，清楚需求客户、需求类型、行业态势和市场特征，并根据实际，设计开发出新产品或服务，从而把握住市场的发展趋势。

2.环境分析。创业环境包括微观环境、中观环境和宏观环境。微观环境指直接制约和影响企业活动的力量和因素，主要包括供应商、顾客、竞争者、企业内部和社会公众。中观环境指企业所属的行业状态，主要包括行业环境、业务环境和地域环境。创业者根据中观环境状态变化获知机遇和挑战，对创业进行战略部署。宏观环境指能对企业活动产生强制性、不可控制性和不确定性影响的因素，如法律、政治、科技、人文和自然环境。对于宏观环境，企业只能适应，并通过关注宏观环境的变化把握社会大趋势，从中获得商机。

（二）第二阶段：市场调研

市场调研是创业构思不可或缺的部分，指运用科学的方法，收集、整理和分析创业的信息和资料。要了解适宜环境并满足顾客需求的商机，就必须对市场进行透彻的调查，这样才能准确把握市场的脉搏。市场调研需要创业者站在顾客的角度思考和分析顾客的需求，并把所得信息与未来的企业相结合，对自己的产品或服务做出调整，尽可能满足社会和顾客的需求。创业者的调研方式可以是在线调查或问卷调查，最终的目标是了解企业的产品或服务是否能满足市场需求，是否能给创业者带来利润。

（三）第三阶段：起草大纲

经过环境分析和市场调研，创业者就可以开始起草创业计划书的大纲。大纲框架搭建得越详细，越能让创业者仔细思考创业的过程，投资者就越能清楚地了解创业者意图。一份比较完整的计划书大纲主要包括以下9个方面的内容：企业介绍、产品或服务介绍、商业模式、管理团队介绍、营销策略、市场分析及风险管理、发展规划、财务规划和融资需求及资金用途。

（四）第四阶段：起草计划书

创业计划书以大纲为蓝本来撰写。

1. 对大纲进行详细的扩充和延伸

让读者了解创业者创建的是什么样的企业，为社会和顾客提供的是什么样的产品或服务，创业者是个什么样的团队，面对挑战和竞争，他们用什么策略取得创业成功等。它的形式为创业计划书的摘要，摘要对计划书进行浓缩，帮助创业者呈递给投资者。摘要一般可以让投资者在 5 分钟内获得商业信息，篇幅控制在 3 页 A4 纸的容量。

2. 演示文稿

创业计划书的另一种形式是 PPT 形式的演示文稿，在一个小时左右的时间内通过演讲的方式把创业信息展示给潜在的投资者，吸引投资人投资。在演讲的过程中，创业者的演讲水平成为投资者进一步了解创业者的创新思维、灵活应变和表达能力的机会。

3. 完整版的创业计划书

如果投资者对创业者的项目感兴趣，就会对产品销售的特性、商业模式、竞争对手和财务预测及消费市场等进行深入的阅读。

4. 未来几年的财务预测

财务预测是根据财务活动的历史资料，考虑现实的要求和条件，对企业未来的财务活动和财务成果做出的预计和测算。它是创业者经营决策的重要依据，也是合理安排收支、提高资金使用效益和企业管理水平的重要手段，展现未来 3 年或 5 年预测的销售收入、利润、资产回报率等有效和能够让人信服的财务预测，给予投资者和创业者带来更多信心。

（五）第五阶段：审核更新计划书

由于市场、环境是不断变化的，所以创业者要经常对创业计划书进行检查更新，确保计划书的完备性和时效性。

二、撰写创业计划书的注意事项

创业发起人能否找到合作伙伴，获得政策支持和资金往往取决于创业计划书的质量。为了确保创业计划书能够得到投资者的充分关注，创业计划书的撰写要注意以下事项：

（一）摘要应突出重点

创业计划书中必须要有摘要，摘要部分是投资者首先必看的内容，因此，要对创业计划书进行高度的浓缩，让投资者对即将投资公司的基本情况、组织结构、管理队伍、产品或服务的竞争优势、营销和财务战略及竞争对手等细节有清楚的了解。这就需要摘要做到简明生动、突出重点、逻辑思路清晰、证据确实充分，让投资者看到项目具备的优势，且能明白需要的帮助和支持的方向。

（二）知己知彼，战胜对手

"商场如战场"，在创业计划书中，创业者要对竞争对手做到知己知彼，这就需要创业者分析对手的情况，了解对手的产品或服务与自己的相比有哪些相同点和不同点，他们的营销策略是什么，他们的销售额、毛利润、销售量、市场占有率分别是多少，再清楚地认识本企业相对于每个竞争对手的优势，并向投资者展示，客户选择本企业产品或服务的原因是什么，企业进一步采取何种方法战胜竞争对手。具有可行性和竞争实力的创业计划书，才能让投资者敢于投资。

（三）分析市场，注重细节

创业计划书不仅要细致分析市场、经济、职业、地理和心理等因素对客户选择购买本企业产品或服务的影响，以及各个因素所起的作用，而且要给投资者提供企业对目标市场的深入分析和理解。创业计划书也要注重销售中的一些细节：企业的销售战略；使用销售代表或内部职员，由转卖商、分销商而不是特许商销售；主要的营销计划，开展广告、促销以及公共关系活动的地区，明确每个活动的预算和收益等。

（四）变换角度，明确重点

创业者要依照目标，变换不同的角度，确定创业计划书的重点。因为，不同的投资者对于创业计划书的关注重点不同。比如，站在潜在投资者的角度看，就要突出创业的美好未来、管理团队和创业行动的方针三个重点方面。

三、撰写创业计划书的要求

撰写创业计划书的目的是为创业融资、宣传提供依据，同时作为创业实施的规划方案。因此，创业计划书的撰写除尽可能地展现创业项目的前景及收益水平外，还要展现出创业项目的可实现性。

（一）简洁完整，突出重点

为了让投资者和读者了解创业的过程，创业计划书要对创业的目的、过程、预期结果进行描述。同时，为了引起投资者的兴趣，还要注重行文的简洁和实效，突出重点，显示出独特优势及竞争力。

（二）语言通畅，表述精确

创业计划书的撰写是为了让投资者获知计划书所表述的内容，因此，无须用华丽的辞藻对内容进行过度美化。比如，在财务分析时，尽量用形象直观的图表进行描述。

（三）数据翔实，尊重事实

创业计划书中的数据应基于前期认真的市场调研和分析，财务预测等应有财务专业人士协助完成，这样才不至于高估市场需求和创业成功率，忽视竞争威胁和重大风险，让投资者降低或丧失信任。

（四）保护产权，以防泄密

知识产权是企业的生命，要注重对知识产权的保护，把最核心的技术用专利保护起来。在撰写计划书时不要过于详细地描述核心技术，实在无法回避详细描述或必须展示核心技术产品时，要和阅读计划书的投资者签署保密协议，以防商业机密泄露造成不可挽回的损失。

（五）团队合作，优势互补

投资者大多是投资在人才上的，因此创业计划书中要详细介绍创业团队中核心人物的技术和能力以及团队成员间的优势互补，这样更能获得投资者的青睐。

第三节　筹集创业资金

学会了如何估算体育技能培训创业的启动资金后，接下来很重要也很关键的一步就是进行融资。所谓融资是指体育技能培训机构根据自身的生产经营状况、资金拥有情况以及未来经营发展的需要，通过预测和决策，采用一定的方式，向培训机构内部、外部筹集资金，以保证体育技能培训机构正常提供技能培训服务与经营管理活动资金需要的行为。那么，如何进行融资呢？其渠道或来源有哪些？

一、私人资金

私人资金包括三种：自身以及亲友募集资金、合伙投资、众筹。

（一）自身以及亲友募集资金

由于创业者处于起步阶段，贷款能力极为有限，相当一部分资金要依赖自我资本。创业者，尤其是创办有限责任公司形式的创业者，为了掌握控制权，必须有相当一部分的自我资本，这部分资本通过自筹的形式获得。很多成功的创业者是靠最初给别人打工赚来的第一桶金进行创业的。用自己打工积累的资金创业，既有一种白手起家的荣耀感，同时，打工经历也是创业的实习过程。

另外，通过亲情借贷融资也是很好的方式。亲情借贷是个人筹集创业启动资金最常见、最简单的途径，也是成本最低且最有效的融资方式。向亲友借钱，属于负债筹资的一种方式，其优势在于不需要承担利息。也就是说，向亲友借钱没有资金成本。如果比较亲近的亲朋好友借出的是银行未到期的定期存款，那么体育技能培训机构的创业者应该按照存款利率支付利息，并可以适当上浮。这样亲朋好友也可以得到比银行略高的利息，可以说是两全其美。不过，这需要借款人有良好的信誉，必要时可以找担保人担保，以解除亲朋好友的后顾之忧。这个方法筹措资金速度快、风险小、成本低，但是会给亲朋好友带来资金风险，甚至是金钱损失，若创业失败则会影响双方感情。

自身以及亲友筹集资金的优势在于：

1. 创业易于启动或停止。独资经营是最为简单的经营形式，创业者能够在任何时候扩大或缩小规模。

2. 行动和控制自由。独资经营可随意制定经营方针和制度，可自由雇用或辞退员工。

3. 无须分配利润。但是，这种方式也存在一定的劣势，如筹集资金较为困难、无人分担风险、很难长久经营等。对于体育技能培训创业者，不建议完全使用自筹资金进行创业。

（二）合伙投资

合伙投资是指体育技能培训机构按照"共同投资、共同经营、共担风险、共享收益"的原则，直接吸收外部资金投入的一种筹资方式。不少人会选择合伙创业的方式来减轻创业初期资金的压力，人多力量大，一个人出几万，10万、20万的启动资金很快就能凑拢。这种方法不仅能够有效筹集资金，还可以充分发挥人才的作用，并且有利于对各种资源的整合和利用，降低体育技能培训机构的创业风险。但需要注意的是，你用了别人的钱进行创业即便只是一部分，就得面对那个人将会给你带来的风险。因此，在选择合伙伙伴时一定要慎之又慎，注意引入一些真正有实力、能供给增值性服务、与创业者经营理念相近、能够对投资的体育技能培训项目给予实质帮助的人。另外，也要注意合伙的人数。合伙的人数越多，带来的风险也越多。通常而言，两人合伙要比三人好，两人格局能很快地确定主从关系，如果以后培训机构发展壮大，需要引进新的合伙人，由于主从格局已定，第三人进入也不容易乱。所以，用别人的钱创业，看似筹资轻松，风险和问题却从资金层面转移到了合伙人层面。

（三）众筹

2014 的 10 月，国务院出台《国务院关于加快发展体育产业促进体育消费的若干意见》，虽然只是一个纲领性文件，但在其中明确提到了拓宽融资渠道、允许民间资本介入等议题，意味着体育产业开始重视民间资本吸纳。众筹是初创企业和个人为自己的项目争取资金的一个渠道。所谓众筹，即大众筹资或群众筹资，是指用团购＋预购的形式，向网友募集项目资金的模式。众筹利用互联网和社交性网络服务（social networking service，SNS）传播的特性，让小机构或个人向公众展示他们的创意，争取公众的关注和支持，进而获得所需要的资金援助。相对于传统的融资方式，众筹更为开放，能否获得资金也不再以项目的商业价值为唯一标准。只要是网友喜欢的项目，都可以通过众筹的方式获得项目启动的第一笔资金，为更多小本经营或创作的人提供了无限的可能。众筹以其低门槛、多样化、大众力量大、注重创意等特点受到了诸多创业者的青睐。中国首家以互联网众筹方式筹建的足球俱乐部——深圳人人足球俱乐部筹到 500 万元启动资金，于 2015 年成立。以互联网众筹模式成立的人人足球实现"人人参与、自我造血"功能，即球队不依附任何公司或者平台，依靠自身造血实现生存，从组建到俱乐部日常经营乃至管理，所有开支都通过众筹来解决，球队总经理、主教练同样将以众筹方式加盟，从而成为中国第一家通过众筹产生的足球俱乐部。

如何众筹成功？关键在于以下几个方面：

1. 筹集的天数恰到好处。众筹的筹集天数应该长到足以形成声势，又短到给投资者带来信心。一般而言，筹资天数为 30 天的项目较容易成功。

2. 目标金额合乎情理。目标金额的设置需要将所有的成本考虑在内，并结合项目设置一个合乎情理的目标。

3. 支持者回报设置合理。对支持者的回报要尽可能地价值最大化，并与项目成品或者衍生品相配，可能的话，应该有 3—5 项不同的回报形式供支持者选择。

4. 项目包装。包装过的项目比没有包装的项目筹集的资金更多。

5. 定期更新信息。定期进行信息更新，以让支持者进一步参与项目，并鼓励他们向其他潜在支持者提及你的项目。

6. 鸣谢支持者。给支持者发送电子邮件表示感谢，或在个人页面公开答谢，让支持者有被重视的感觉，增加参与的乐趣。

二、风险投资与天使投资

（一）风险投资

"自己的钱好用，他人的钱难求"。当自己的钱不足以启动或维持体育技能培训创业时，创业者就需要从他人口袋里把钱"掏出来"，再"放进"自己的口袋。很多大学生在创业初期往往求"资"若渴。那么，如何让人愿意主动为你"掏钱"呢？风险投资（venture capital，VC）是一种融资和投资相联合的全新的投资方法，是指体育技能培训机构的创业者通过出让自己的部分股权给风险投资者，从而获得一笔资金，用于发展机构、开辟市场。当体育技能培训机构发展到一定规模时，风险投资者出售自己拥有的体育技能培训机构股权获取收益，再进行下一轮投资。

风险投资无须体育技能培训机构的资产抵押担保，手续简单。其经营方针就是在高风险中追求高收益。许多创业者就是利用风险投资使体育技能培训机构度过幼小阶段的。大学生创业能否争取到风险投资，主要取决于个人信用保证以及体育技能培训机构项目发展愿景。因为风险投资者虽然关心创业者的体育技能，但他们更关心体育技能培训机构的盈利模式和创业者本人。很多风险投资合伙人一年可能要看几千个项目，但最终决定投资的却不过两三个，对投资项目可谓是千里挑一。因此，要向风险投资者兜售项目发展阶段的设想，而不仅仅是产品，还要使你的项目有一个清晰的愿景。但是，也要将各个发展阶段和各个时期的进度目标呈现给风险投资者，而不是像大多数人一样单纯出售创意、愿景。既有愿景又有执行路径，不仅给予投资人更多的信心，也能让自己看起来富有责任感。

因此，对于创业者而言，要想让自己的培训机构脱颖而出，就要学会揣摩风险投资者的心态，想他们之所想，弄清楚他们看重的究竟是哪些要素。通常而言，风险投资者会看重：

（1）团队成员的互补性及人品。团队成员的背景越多元化，创业成功的可能性越高。人品越佳，成功的可能性也越高。

（2）简单、可持续性的商业模式。在风险投资者眼中，缺乏简单明了的盈利模式的项目是没有任何投资价值的。因此，简单的商业模式是成功的前提。另外，经营的可持续性也是风险投资者所看重的。

（二）天使投资

在吸引真正的风险投资之前，创业者应了解天使投资，因为对于很多创业者来说，可能开始时仅仅有一个想法、一个大致的创业蓝图。这时，最优的选择就是找天使投资。天使投资或天使基金为大学生创业带来了很多的福音。天使投资是权益资本投资的一种形式，是指富有的个人出资协助具有专门技术或独特概念的原始项目或小型初创机构进行一次性的前期投资。当创业者自有资金不足或者很难从亲朋好友那里筹集到资金的时候，天使投资是体育技能培训创业者可采取的最佳融资方式。天使投资人一般情况下都是个人，可能是专业的风险投资者，也可能是已经成功的企业家，甚至是你的亲戚朋友或是邻居。他之所以投钱是因为看好创业项目或是创业者。天使投资的金额一般较小，而且是一次性投入，且投资方不参与管理，对机构的审查也并不严格，同时对回报的期望值也不高，更多的是基于投资人的主观判断或者是个人好恶所决定的。另外，很多天使投资人本身是企业家，了解创业者的难处，若感兴趣，则会给创业者提供资金以及联系网络。除此以外，天使投资人还有一个不容忽视的作用，那就是能够搭建创业者和风险投资商之间的桥梁。

那么，如何找到天使投资人呢？寻找天使投资人的最佳方式是依靠口碑，从朋友或者商业伙伴推荐的人当中选择天使投资人再好不过。另一种途径则是通过受邀出席当地的天使团体所召开的会议。在会议上，天使团体为公司提供机会，将它们介绍给更多的天使投资人，以尽快解决公司所存在的问题。

在寻找天使投资人时，还要注意以下几个要点：

（1）确保天使投资人经验老到。老到的天使投资人对你所从事的行业非常了解，创业者不仅需要天使投资人口袋里面的钱，还需要他们专业的眼光。

（2）不要低估天使投资人。经常有人说："我要去找天使投资人，因为这比争取风险投资更容易。"其实，在争取天使投资人时一定要像对待风险投资者一样，该做的一样都不能少。天使投资人和风险投资者一样关心流动性，甚至会更为紧张，因为他们投的是自己的钱。

（3）理解其动机。天使投资人与风险投资者最根本的不同在于天使投资人有双重底线，想要帮助创业者，使其迈上新的台阶。

（4）想方设法打动天使投资人。天使投资人与风险投资者相比，前者更容易与创业者产生感情，而后者主要看重是否能赚钱。因此，创业者要懂得如何去触动天使投资人。

三、金融机构贷款

众多金融机构可以向创业者提供贷款，如向银行机构贷款融资、向租赁服务机构寻求租赁融资等。.

（一）银行贷款

银行是专门经营货币信用的特殊企业，它以一定的成本聚集了大量储户的巨额资金，然后利用这些资金赚取利润。银行除将一部分资金用于投资外，大部分都用于发放贷款，随时准备向符合其条件的创业者提供他们所需要的各种期限和数额的贷款。因此，体育技能培训创业者可申请银行贷款。常见的大学生创业贷款方式包括以下几种：创业贷款、综合授信、担保贷款等。

创业贷款是指具有一定经营能力或已经从事经营活动的个人，因创业或再创业提出资金需求申请，经银行认可有效担保后发放的一种专项贷款。符合条件的借款人最高可获得 50 万元贷款支持，创业达到一定规模的，可给予更高额度。贷款期限一般为 1 年，最长不超过 3 年。综合授信是指银行对一些经营状况好、信用可靠的优质客户（或能够提供低风险担保的客户），授予一定时期内一定金额的信贷额度，机构在有效期与额度范围内可以循环使用。担保贷款是指借款人向银行提供符合法定条件的第三方保证人作为还款保证，当借款人不能履约还款时，银行有权按约定要求保证人履行或承担清偿贷款连带责任的借款方式。其中包括以自然人担保的贷款、由专业担保公司担保的贷款等。

对于创业之初的体育技能培训机构而言，虽然申请银行贷款有一定的困难，但是银行贷款确实能够帮助创业者快速获取资金，渡过难关。对于不少创业者而言，其贷款能力如何往往决定其机构能否在短期内走出创业困境，尽快走上良性循环的轨道。因此，创业者必须善于巧妙地解决贷款问题，以便在需要钱时能够及时取得贷款。

（二）租赁融资

对于创业者来说，进行创业需要投入固定资金，如培训场地、设施等。固定资产较为昂贵，而创业者往往没有足够的资金购买，租赁几乎是唯一的选择。即便是资本充足，基于优化财务结构的考虑，也可采用租赁的形式进行融资。租赁融资是指出租人根据承租人对租赁物件的特定要求和对供货人的选择，出资向供货人购买租赁物件，并租给承租人使用，承租人则分期向出租人支付租金，在租赁期内租赁物件的所有权属于出租人所有，承租人拥有租赁物件的使用权。租期届满，租金支付完毕并且承租人根据融资租赁合同的规定履行完全部义务后，对租赁物的归属没有约定的或者约定不明的，可以协议补充；不能达成补充协议的，按照合同有关条款或者交易习惯确定，仍然不能确定的，租赁物件所有权归出租人所有。其是集融资与融物、贸易与技术更新于一身的新型金融产业。由于其融资与融物相结合的特点，出现问题时租赁公司可以回收、处理租赁物，因而在办理融资时对机构资信和担保的要求不高，所以非常适合中小机构。由此可见，租赁融资具有融资和推销功能。

租赁融资主要有直接租赁、售后回租、转租赁和委托融资租赁等形式。

直接租赁是指向出租方提出直接租赁；售后回租又称"回租"，是在机构短期内缺乏资金时，把正在使用的固定资产卖给租赁公司变现，然后以租赁方式再将其租回使用；转租赁是指把从出租方处租入的租赁物再转租给第三方，收取租金差以实现融资目的；委托融资租赁类似于做代理，是指帮助出租人出租租赁物，收取服务费，不承担风险。另外，租赁融资具有以下特点：程序简单，融资成本费用相对较低；避免通货膨胀不利影响，防范汇利率风险；期限较长，一般和设备的使用寿命相当，租金逐期付款，减轻资金不足的压力；加大机构的现金流，减少一次性固定资产投资，避免过量占用资金；对出租人来说，存在一定的信用风险。

租赁融资的优势主要体现在以下几个方面：

（1）租赁可以减少税负，因为租金是作为成本的费用，可以降低机构的所得税。

（2）体育技能培训机构创办阶段，由于技术人才缺乏，采用租赁的方式会使维修费用降低，设备出租者往往是该类设备方面的专家，且向客户提供维修服务，他们提供维修服务的费用很可能比自己专门雇人低。

（3）由于是新创机构，抗风险能力较弱，且器材设备更新换代得快，采用租赁的方式可以减少器材设备更新方面的风险。

四、政策基金

体育技能培训机构要发展，必须有资金的支持。由于资金问题使创业无法启动，甚至半途而废，是大学生创业遭受失败的重要原因。大学生在体育技能培训创业初期，由于培训机构尚未形成一定的规模、缺乏一定程度的原始积累、没有一定的资金实力，难以获得所需资金，各种直接融资方式受到现行法律法规的严格限制，而间接融资方式又受到体育技能培训机构自身条件和金融信贷政策的限制。随着国家相关政策的出台，鼓励大学生创业力度的加大，利用政策扶持获得基金资助不失为大学生创业融资的有效途径。所谓政策性扶持基金是政府为了鼓励或支持行业和特定人群的发展而给予的国家预算内拨款。

享受政府和银行低息待遇的创业贷款是近年来银行推出的一项新业务。[①] 政策性创业贷款被誉为创业融资的"蓄水池"，由于银行财力雄厚，而且大多数具有政府背景，在政策的推动下，大学生创业办理贷款相对容易，手续也比较简单。创业贷款的单笔额度一般在 2 万—5 万元，期限一般为 1 年，最长不超过 3 年。按照有关规定，创业贷款的利率不得向上浮动，并且可按银行规定的同档次利率下浮 20%。许多地方还推出优惠政策，如从事微利项目自主创业的，由财政给予全额贴息；从事非微利项目自主创业的由财政给予 50% 的贴息等。其优点是利息支出可以税前抵扣，融资成本低，借款弹性好，运营良好的机构在债务到期时可以续贷。如体育技能培训机构已开业，贷款人需持有工商行政管理机关核发的工商营业执照、税务登记及相关的行业经营许可证；如体育技能培训机构还在筹备中，则需要提供相关创业证明。值得注意的是，创业者必须资信良好、遵纪守法、无不良信用及债务记录，如按期偿还助学贷款等，且能提供银行所要求的材料。

---

① 蔡远利. 全国高等院校"十三五"规划教材 大学生创业基础知识 [M]. 成都：电子科技大学出版社, 2019

第四节　整合创业资源

一、创业者的资源

（一）知识资源

要实现创业成功，深厚的知识积累是不可或缺的。创业者要会管理自己的事业。创业是开始，守业是关键。因此一开始，就要为守业打好坚实的基础，即知识的积累。

知识为你创造财富。[①] 在当今社会，学历差距造成的收入差距更大。计算一下一生中获得较高回报的投资，你会发现教育毫无疑问是最好的投资。教育不但可以教会你专门的技能，**而且**可以训练你的思维，不断进行各个方面的学习和知识积累是创业者获得成功的法宝。尤其是具备高知识含量的创业公司，开发和拥有具有完全自主知识产权的产品，对于占领市场、抵御经济风险无疑具有十分重要的意义。

（二）社会资源

如果能拥有广泛而良好的社会关系基础，那么在创业时就会事半功倍。反之，在创业时就需要比别人付出更多的努力，甚至会有许多莫名其妙的社会势力与创业者作对，阻碍创业步伐，使创业者举步维艰。

明智的创业者在创业之前，如果有意于从事某个行业，就会尽自己的所能去结识这个行业里的知名人士，虚心向他们请教，聆听他们的教诲，

---

① 　舒良荣，杨颖 . 大学生创新创业基础 [M]. 北京：国家行政学院出版社 ,2017

把这些作为重要的资源储备起来，以便在将来发挥作用，帮助自己解决实际问题。

很多创业者最初的创业想法是在朋友的启发下产生的，或干脆就是由朋友直接提出的。因此，这些人在创业成功后都会更加积极地保持与老朋友的联系，并且广交天下朋友，不断地开拓自己的社交圈子。

总之，关系、智慧、知识、时间、健康等是创业者的最大资源，只要你懂得珍惜和利用，你就能走向成功。

二、创业资源开发与整合的原则

创业资源在开发与整合过程中，应遵循以下原则：

（1）尽可能多地搜寻出利益相关者。

（2）识别利益相关者的利益所在，寻求共同利益。

（3）共同利益的实现需要共赢的利益机制作为保证，共赢多数情况下难以同时赢，更多的是先后赢，创业者要设计出让利益相关者感觉到赢而且是优先赢的机制。

（4）强化沟通。沟通是创业者与利益相关者之间相互了解的重要手段，信任关系的建立有助于资源整合、降低风险和扩大收益。

第五节　新创企业案例分析

一、山东大创体育发展有限公司

（一）执行总结

1.公司背景

山东大创体育发展有限公司（简称：大创体育）创立于 2020 年，是一家集体育培训、赛事运营、特色项目推广于一体的专业机构，下设济南大创田径俱乐部。公司法人马桢峰，股权占比 100%。

项目负责人是 200 米国家一级运动员，在校期间曾担任院学生会秘书长，热衷创业，多次组织大型活动并成功拉到赞助，多次在校创新创业大赛获奖，立项省级大学生创新创业计划。

他毕业时正值国家体育总局出台《"十四五"体育发展规划》，在政策的推动下，体育事业蓬勃发展。面对高考体育生数量激增、中考体育分值加大，凭借对体育的热爱和对市场的判断，创办山东大创体育发展有限公司。创业伊始，面对激烈的市场竞争公司举步维艰，但经过半年的摸索，他发现了制约发展的弊端是，公司只是简单复制，缺少核心竞争力。尤其是当前培训行业的最主要矛盾"学训矛盾"难以解决。面对困境，他敏锐地察觉到企业要发展就需要转型、要合作。于是他积极联系母校山东体育学院建立合作，挂牌实习实训基地，依托学校资源打通优秀教练员不足的短板；另外，他还针对当前社会体育培训机构只侧重训练无法兼顾文化课的学训矛盾，创造性地提出了"长期驻训"+"短期集训"的订单式训练合作模式，就此开启了公司发展新篇章。

公司目前业务主要是赛事运营、中高考体育培训、特色体育项目推广，总投资 100 万元。现有济南、日照、东营、菏泽四个合作训练基地，公司下设俱乐部运营部、赛事策划与运营部、全国体育单招部、普体培训部，各种场馆 11 片（个），现有员工 17 人。

2. 政策背景

随着国家体育总局《"十四五"体育发展规划》的出台，从五个方面表明要加强体教融合，促进青少年体育健康发展，要求深化体校改革、培育青少年体育社会组织、完善青少年体育竞赛活动体系。

受体育高考政策变化影响，近五年山东省体育高考报名人数逐年攀升，从 2018 年的 13441 人到 2022 年的 22801 人，增速明显。2022 年的体育单招及高水平测试人数达到了 50876 人，创下近年来新高。可见体育高考培训市场需求激增，行业市场潜力巨大。随着中考体育分值增加，中考体育培训市场正如火如荼发展，需求巨大。公司正式主营业务能够对接社会需求，前景向好。

3. 企业规划

企业规划具体步骤如图 5-1 所示。

```
┌─────────────────────────────────────────────────────────┐
│ 第一阶段：成立公司，深入市场调研、定位产品                    │
└─────────────────────────────────────────────────────────┘
                              ↓
┌─────────────────────────────────────────────────────────┐
│ 第二阶段：校企合作、校校合作，打造高水平教练队伍，寻找          │
│ 客户，签约中学1-2家。通过训练成绩逐步取得学生及家长的          │
│ 信赖，提升公司的知名度与影响力。以田径俱乐部为试点，           │
│ 拓宽学生出路                                                │
└─────────────────────────────────────────────────────────┘
                              ↓
┌─────────────────────────────────────────────────────────┐
│ 第三阶段:形成贴近市场需求的独特训练模式，不断进行策略          │
│ 的创新，以山东省普体项、全国体育单招及高水平考试培训          │
│ 为抓手,新增中考体育培训，广泛开拓市场，进一步扩大影          │
│ 响，提升市场占有率                                          │
└─────────────────────────────────────────────────────────┘
                              ↓
┌─────────────────────────────────────────────────────────┐
│ 第四阶段:到2025年达到省内同行业市场占有率50%，签约中          │
│ 学10—20家，形成品牌优势，力争进军省外市场                    │
└─────────────────────────────────────────────────────────┘
```

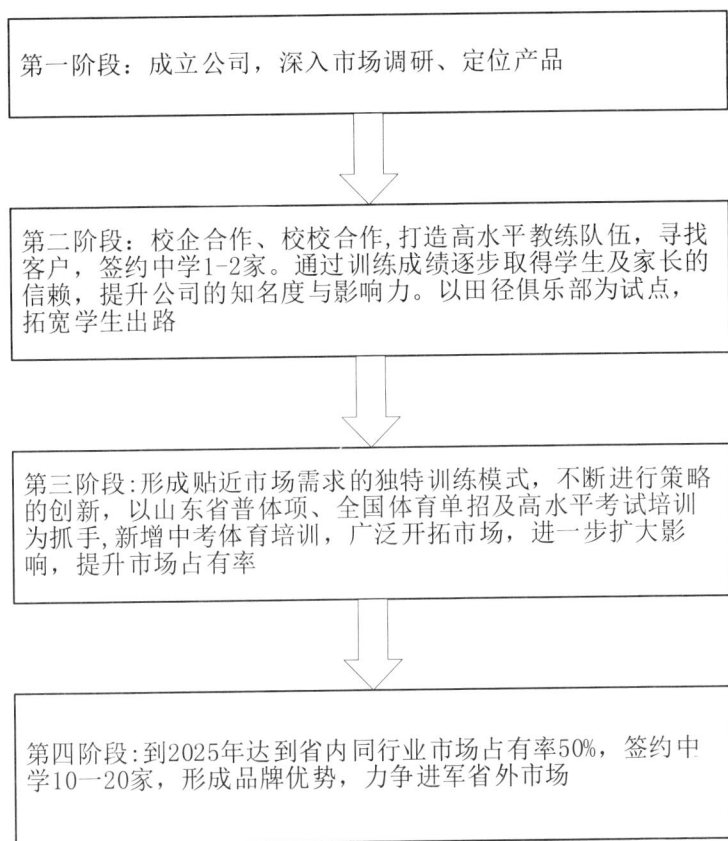

图 5-1 企业规划示意图

4. 市场分析

（1）体育高考人数持续增长

近五年山东省体育高考报名人数逐年攀升，从 2018 年的 13441 人到 2022 年的 22801 人，增速明显。2022 的体育单招及高水平测试人数达到了 50876 人，创下近年来新高。可见体育高考培训市场形势喜人，市场潜力巨大。

（2）基层中学体育师资匮乏，训练科学化有待提升

虽然近几年，各地均开始重视体育事业发展，大部分中学也开始增加

体育教师配置。但是相较于中学体育课的持续改进，中学体育队的训练依然令人堪忧。学训矛盾依旧不可调和、高水平教练严重不足、体育教师队伍老化严重、训练理念滞后等都严重制约其发展。

5. 行业竞争及痛点分析

受当前政策影响，目前省内体育培训市场正处于快速膨胀阶段，各类体育培训机构不断涌现。目前仅在济南地区就有飞人体育、奇才体育、鲁龙体育等 11 家。其中大部分机构是租用场地，临时招生进行中短期培训，机构内教练员流动性大、训练场所不断变更，最主要的是几乎没有文化科学习。部分机构虽开设文化课，但受场地、师资等条件影响，学习效果极差、形同虚设，学训矛盾成为发展瓶颈。还有一些机构纯属游击战，临时招生、临时找教练、临时租场地，名副其实的"三无"状况。

6.SWOT 分析

（1）优势

①师资队伍过硬。公司现为山东体育学院教学训练实习基地，并入驻校创业孵化基地（图 5-2、图 5-3）；依托山东体育学院、山东省训练中心平台，形成了以运动健将、退役运动员为主，运动训练专业毕业生（二级以上）为辅的教练员团队。现有运动健将 6 人，国际级裁判 1 人、国家级教练 4 人，每年接收本科毕业生就业 3—5 人。

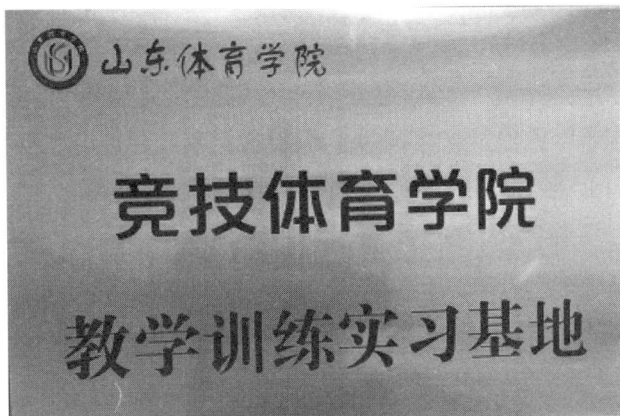

图 5-2　山东体育学院教学训练实习基地

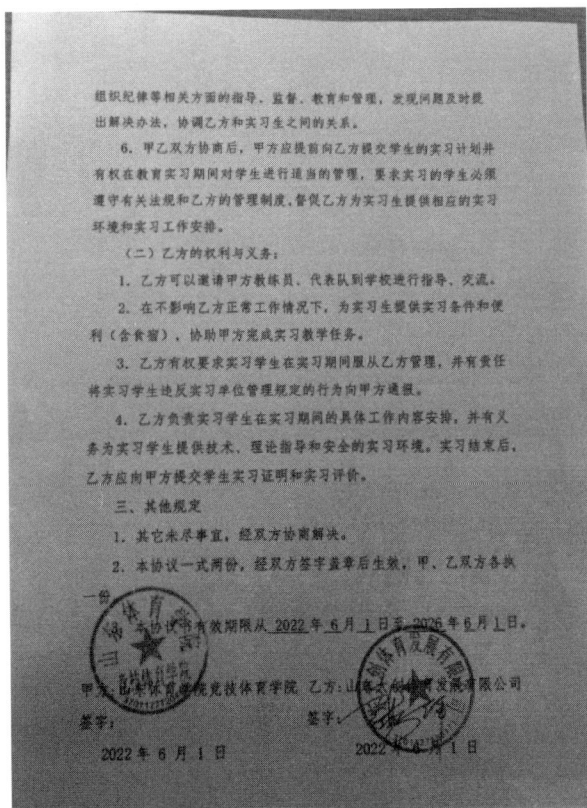

图 5-3　入驻学校创业孵化基地

②训练模式科学。当前社会中同类机构大多在外租用场地招生训练，部分机构虽开设文化课，但受场地、师资等自身条件影响，学习效果极差、形同虚设，学训矛盾成为发展瓶颈。本公司开创的"长期驻校"＋"短期集训"模式正解燃眉之急（图 5-4）。校企签订协议，公司派遣优秀教练团队进校全年带训，同时根据训练进度不定期、分批次组织学生到山体、山师、省训练中心集训。既保证了训练质量，又充分利用了学校的理论教学条件，教学训练相得益彰。

图 5-4 基层训练基地日常训练（巨野南城）

（2）劣势

①起步晚，市场相对饱和，竞争对手多。

②流动资金不足，制约了公司自身场馆建设，后期需要社会融资。

③专业人才缺口，虽然依托专业院校，但随着发展增速，签约学校的增多，依然会出现人才供应问题。

（二）公司简介

1. 公司名称

山东大创体育发展有限公司。

2. 公司宗旨及企业文化

"大体育、创未来"，通过搭建校、企、地多方合作的"大"体育共同体服务社会，推动体育发展，助力青少年体育发展。

3. 公司运营模式：校企协同、联合培养

公司运营模式如图 5-5 所示。

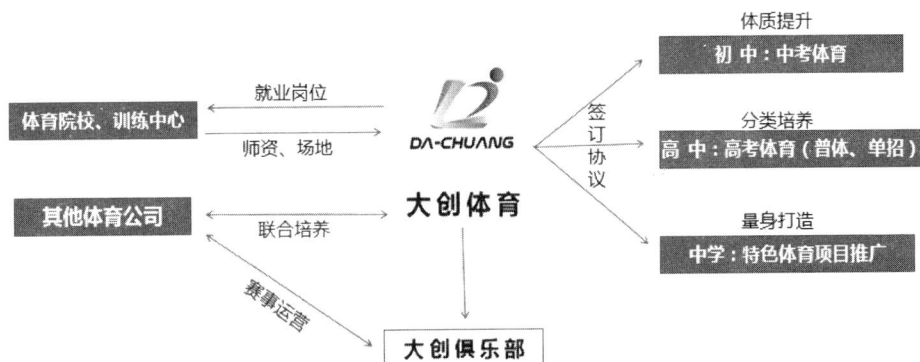

图 5-5　公司运营模式

（三）主营业务及运营现状

公司现有济南、日照、东营、菏泽四个训练基地，下设俱乐部运营部、赛事策划与运营部、全国体育单招部、普体培训部，各种场馆 11 片（个）。公司签约成为山东体育学院教学训练实习基地，同山东省体育科学研究中心达成合作共识，依托山东体育学院、山东省训练中心平台，形成了以运动健将、退役运动员为主，运动训练专业毕业生（二级以上）为辅的教练员团队。公司现有专兼职教练 24 人，其中运动健将 6 人，国际级裁判 1 人、

国家级教练 4 人，每年接收本科毕业生就业 3-5 人。

1. 赛事运营

2021 年成立济南大创体育俱乐部，注册为中国田协和山东省田协会员单位，服务体育成绩突出的学生，目前注册队员 21 人；公司以俱乐部为依托，通过校企、企企合作积极开展赛事运营。

2021 年与山东鲁龙体育俱乐部协办山东省优秀运动员超级联赛；山东省高水平、普体单招运动员邀请赛。

2022 年与山斯坦普体育合作组织"中国体育彩票杯"2022 东营市中小学生田径联赛。

2. 高考体育培训

公司凭借过硬的师资队伍、先进的训练理念和方案，积极服务中高考体育。打造"教练长期驻校"＋"短期外出集训"模式，解决了目前体育培训市场上长期外出、只抓训练、忽视文化课学习导致的"学训矛盾"，同时公司以训练质量抓手，制定了 90 分为成绩底线的训练协议，成为省内首家签订保底分数线的体育公司，市场反响热烈。

公司先后与菏泽南城实验学校（图 5-6）、逸华学校（图 5-7）、齐河育英学校等达成合作。同时，与山西晋中和诚中学、河北邢台金华中学、外国语学校、河北石家庄第二十五中学等达成了体育单招培训合作并初见成效。

图 5-6　签约仪式

图 5-7　合作洽谈

公司成立以来累计培养学生 300 余名，其中任浩燃考入广西师范大学；廉涛考入北京理工大学；许晶晶考入吉林体育学院；张钧燃考入山东体育学院；张乐康考入山东理工大学。在 2022 年山东省体育普考中，牛文博等 5 人体育测试满分，90 分以上 21 人。

3. 特色体育项目推广

日前，国家出台了《关于全面加强和改进新时代学校体育工作的意见》，指出中小学要因地制宜开展传统体育教学、训练、竞赛活动。2021 年山东省《全面加强和改进新时代学校体育工作重点任务及分工方案》要求各中小学积极开展适合自身需求的特色体育项目。在这种背景下，公司与山东体育学院竞技体育学院、体育教育学院合作，推出了助力中小学培育特色体育项目服务。公司依托山体项目集群和引领辐射作用，帮助签约中小学分析自身特点、梳理优势与不足、探讨区域发展走向，找到适合发展的项目。

2021 年，公司针对巨野南城实验学校自身特点和菏泽市体育项目发展概况，帮助其选择橄榄球作为特色项目，帮助学校聘用原国家橄榄球队教练作为顾问，引入山体优秀毕业生执教，经过两年的培育和发展，在训队员达到了 31 人，橄榄球队已基本成型。项目培育也作为案例受到了县市教育部门的报道和表扬，被政府高度认可。

（四）宣传推广

1. 线下推广

通过普体考试、单招考试、锦标赛等赛事推广、教练员交流会、广告宣传等方法进行定位宣传。

2. 线上推广

公司注册抖音号"小马在线"、公众号"大创体育"。通过与体育网站等进行合作宣传，通过公司抖音"小马在线"推出训练直播、相关短视频进行一系列的宣传，以及在此类平台进行广告播放。

（五）财务分析

1. 公司效益

2020 年公司处于成立初期，受经营规模影响，收入 85 万。

2021 年公司增加齐河育英学校、逸华学校两处训练基地，在训人数增多，同时体育单招、高水平培训学员增多，公司效益翻番，如表 5-1 所示。

表 5-1　山东大创体育发展有限公司 2020-2023 年收支情况

年度	收入（万）	支出（万）	盈利（万）
2020	85	38	47
2021	152	54	98
2022	176	72	104
2023	172	76	96

2. 财务预测

预计到 2024 年度招生人数突破 200 人，签署校企合作单位 6 所，收入突破 300 万。公司投入预计 150 万元左右，主要用于教练员引进、训练硬件购置、推广宣传等方面。

（六）风险分析

1. 分析预测

（1）运动伤害。体育项目作为人直接参与的活动，最大的风险是在训练过程中参与者的人身安全问题。这也是体育培训和体育赛事组织中存在的风险。

（2）市场风险。市场风险是比较小的，但也不排除大的政治、经济和社会环境变化带来的不可抗力影响。

（3）产品方面。如果不对教练员严格要求、教学质量进行监督，会导致学生及家长不满意，产生退费等情况。

2.风险防范及措施

（1）针对安全问题。首先公司要有安全预案，要充分考虑训练时可能发生的风险。所有学生、公司员工参与活动，公司统一购买保险，并定期对员工进行安全培训。

（2）不断创新，优化组织架构、创新管理方法，利用互联网工具进行科学高效管理。

（3）加强教练员团队建设，从教练员选拔到教练员培训，严格要求教练团队，把控教学质量。

3.风险资本退出

因无投融资发生，故本公司无资本退出风险。

2.创业团队

公司创业团队如表5-2所示。

表5-2 公司创业团队

	姓名	年级专业	毕业院校	职责、工作经历
公司负责人	马梽峰	2016级运动训练	山东体育学院	毕业后曾就职于博重体育
训练基地负责人	徐帆	2016级运动训练	山东体育学院	毕业后曾在莒县三中任体育教师

训练部	于兆萧	2018 级运动训练	山东体育学院	橄榄球项目训练与推广，就职于南城实验学校
训练部	赵桓钧	2019 级运动训练	山东体育学院	训练设计与执行
训练部	李文龙	2019 级运动训练	山东体育学院	训练设计与执行

二、乐陵市俊林建材有限公司（2021 年山东省"互联网+"大学生创新创业大赛金奖）

（一）执行总结

1. 公司背景

乐陵市俊林建材有限公司成立于 2018 年 12 月，是一家集研发、生产、销售、服务于一体的新型环保建筑材料（工业固废综合资源处理再利用）民营企业。

项目负责人朱波 2017 年毕业后进入家族企业山东省瑞农农业生产部、乐陵市俊华建材生产部工作。彼时主要生产水泥、加气块等传统产品的俊华建材，正面临着国家对工艺落后水泥企业的调控，尤其是产能过剩问题导致大批量水泥积压，企业举步维艰。面对困境，朱波敏锐地察觉到企业想发展就要转型，于是多方奔走并利用网络咨询相关新技术、新产品，最终在 2018 年与国家建筑材料工业技术情报研究所合作开发产品，并获得技术专利（图 5-8），随后成立了乐陵市俊林建材有限公司。

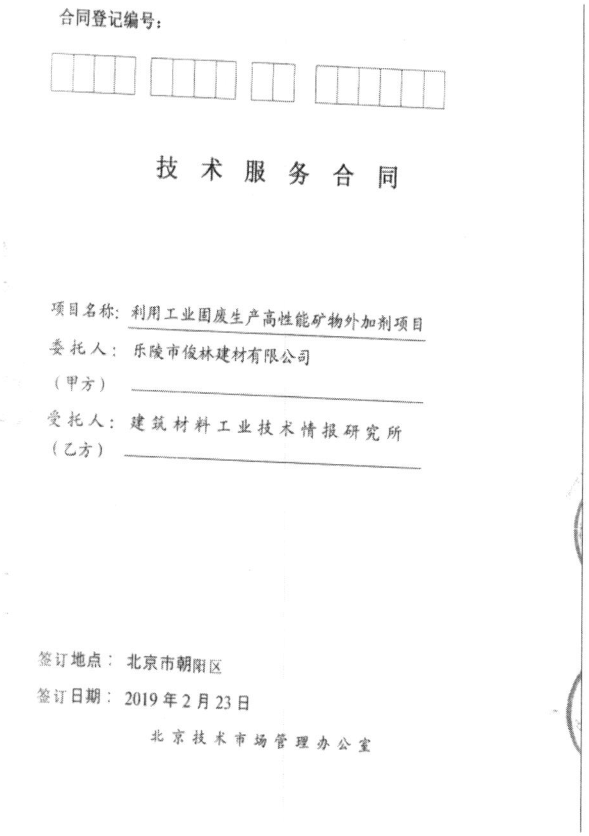
合同登记编号：

技 术 服 务 合 同

项目名称：利用工业固废生产高性能矿物外加剂项目
委托人：乐陵市俊林建材有限公司
（甲方）
受托人：建筑材料工业技术情报研究所
（乙方）

签订地点：北京市朝阳区
签订日期：2019 年 2 月 23 日
北京技术市场管理办公室

图 5-8 技术服务合同

公司主要产品为超细复合矿物外加剂，累计投资人民币 5000 万元，占地 14200 平方米，员工总数 98 人，对工业固废的综合利用处理效果达到 100%，年处理各种工业固废达 60 万吨，产品（超细复合矿物外加剂）年产量 60 万吨。

2. 政策背景

为全面落实科学发展观，落实环保、节能、安全发展思路，加强和改善宏观调控，引导社会投资，推进产业结构优化升级，促进一、二、三产业健康协调发展，逐步形成高新技术产业为先导，基础产业和制造业为支撑，服务业全面发展的产业格局，坚持节约发展、清节发展、安全发展，实现可持续发展。国家发展和改革委员会发布了《产业结构调整指导目录（2011 年本）（修正）》，该项目在其中的鼓励类，对环境的保护，能源再利用等起到积极作用，属于国家支持项目。

3. 企业规划

区位优势：公司所在地乐陵市，地处黄河三角洲高效生态经济区、环渤海经济圈与山东半岛蓝色经济区（半岛城市群）结合部，是北京、天津、济南经济龙脉的中心位置，是山东省的北大门和主要进京门户，素有"齐燕要塞""鲁冀枢纽"之称，被列为鲁北沿海开发城市。

自 2018 年成立以来，先后在山东德州、河北沧州、天津、北京等地成立 8 个办事处，产品业务覆盖京津及鲁北地区。公司计划结合区位优势到 2024 年将业务向北延伸到内蒙、新疆等地区，向南覆盖济南、淄博及鲁西南等地，结合公司超细粉磨技术扩增新的客户群体，全面打开北方市场，争做新型建材三圈（经济圈）范畴的拳头企业。

4. 市场分析

跟据 2018-2023 年中国新建筑行业发展前景分析及发展策略研究报告，建筑行业、国家基础设施建设的发展带动了混凝土市场的发展需求。CCPA 协会了解，2020 年 1-11 月全国规模以上混凝土企业商混累计产量 252070.24 万方（略接近上年全年产量），同比增长 2.49%，累计增速从 9 月转正后并持续上行。而企业所在的华北市场占比达到 20.31%，市场巨大。

本项目产品能充分替代生产混凝土、水泥等产品所需的矿粉等原材料，有助于产品效果升级和成本降低，符合国家绿色环保、节能减排要求，市场空间广阔。

5.行业竞争分析

与传统建筑材料相比，超细复合矿物外加剂真正做到了环保、节能、减排，100%工业固废处理利用，减少了环境污染和能源浪费，产品性能可以起到填充、润滑、解絮、分散、致密、不泌水、不离析、塌落度经时损失小等作用，增加了混凝土的流动性、保水性、泵送性等优点。它可以有效提高混凝土抗压强度，降低成本，同时对抑制碱骨料反应，降低水化热，减少混凝土结构早期温度裂缝，提高混凝土密实度，提高抗渗和抗侵蚀能力有明显效果，

同时公司组建专业年轻化的团队，利用新颖高效的管理模式，将产品打造成高新科技型产品，该产品的综合资源利用效果也是国家鼓励发展的政策产业，为新型环保建筑材料的发展推动做出了应有的贡献和努力。

6.组织与人事分析

俊林建材有完善的组织架构及人事管理制度。公司成立董事会，主要负责公司总体战略规划及发展方向；下设总经理，负责制定公司基本管理制度及公司总体运行；总经理下设采购部、质检部、生产部、销售部、财务部、综合管理部，各部门分工及权责明确，各司其职，公司各项工作能够合理有效地运行。

（1）股权与分析

①股权分配

项目负责人朱波占股 60%，其他合伙人占股 40%。

②财务分析

公司 2019 年销售 42 万吨，销售额 1.26 亿 ;2020 年全年销售 51 万吨，销售额 1.53 亿元，同比增长 21.4%。全年支出约 1600 万元，人员薪资、

奖励等支出约占53%，固定资产投入约占30%，技术研发及网站建设投入约占13%，其他支出约4%。2021-2022年受疫情影响，公司销售额略有下降，但影响不大。2023年销售量增长到65万吨。

公司成立至今，累计净利润3189万元，累计纳税319.5万元，2020年被评为市"依法纳税先进单位"。

7.风险分析

主要风险来自四个方面：市场风险、工程风险、资金风险、人员安全风险。针对可能发生的风险，公司有相关应急预案，并成立了专业企业管理部门解决可能发生的风险问题，做好工作规划及风险分析表，充分解析风险来源，做出合理的应对措施。本公司无投融资发生，故无资本退出风险。

（二）公司简介

1.公司概述

公司与北京工业技术研究所合作，利用专利应用技术，把工业固体废弃物处理处置变为现实。公司成立于2018年，座落于省道248线东侧，乐陵市胡家街道办事处俊林工业园区，交通运输便利。累计投资人民币5000万元，占地14200平方米，建筑面积5100平方米，设有原料车间、粉磨车间、罐装车间和办公区四个功能区，员工总数98人，其中聘用大学生21人，拉动周边农民就业57人；员工中共有建档立卡户4户。同时，公司积极参加地市公益活动，积极配合地方教育局开展精准扶贫工作，为高中生提供奖助学金；并被评为"乐陵市爱心企业"（图5-9）；

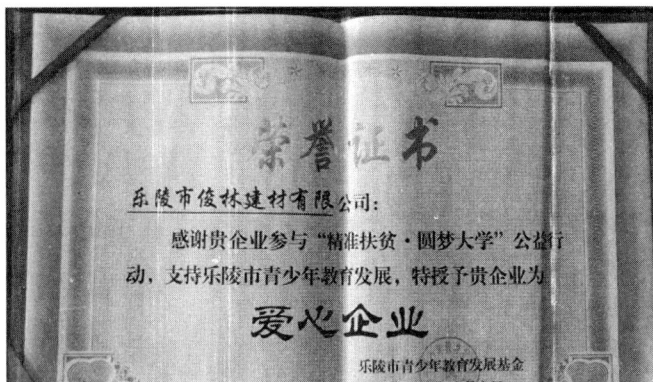

图 5-9 乐陵市爱心企业

尤其在疫情防控的艰难时期，向所公司驻地市捐款捐物共计 10.5 万元，为疫情防控奉献了自己的力量。项目负责人被评为"乐陵市大学生创业之星"。

公司拥有年生产 30 万吨的开路粉磨系统 2 套，年生产"超细复合矿物外加剂"（超细微粉）60 万吨，年处理工业废弃物 60 万吨，是一家 100%综合利废企业，公司的生产设备具有先进、低耗、环保等特点。超细微粉是混凝土搅拌站的新型外加材料，此产品可以起到填充、润滑、解絮、分散、致密、不泌水、不离析、塌落度经时损失小等作用，增加了混凝土的流动性、保水性、泵送性等优点，可以有效提高混凝土抗压强度，降低成本，同时对抑制碱骨料反应，降低水化热，减少混凝土结构早期温度裂缝，提高混凝土密实度，提高抗渗和抗侵蚀能力有明显效果。

公司自创立之初就以建设成为国内一流固废处理企业为己任，以为员工和社会创造更加美好明天为目标不忘初心，砥砺前行。

2. 公司服务及业务简介

乐陵市俊林建材有限公司自成立以来，坚持以质量为核心，诚信为本的发展思路，尊重客户、理解客户，持续提供超越客户期望的产品与服务，做客户永远的伙伴，不断钻研进取。新型建筑材料产品（超细复合矿物外加剂）作为商混站、水泥厂、砌块砖厂等建材企业的新型原材料，有着环保、低耗、低成本、高效等特点，随着国家对环境保护及能源节约的重视，传统建材原材料势必会被新兴环保产品作替代，作为新型环保建筑材料生产的领先企业，公司现拥有山东、河北、天津、北京等多地区市场，客户反馈良好，产品充分起到了代替传统建材生产原材料的作用，小区、政府工程等多个案例激励我们要把产品做大做强。公司有完善的售后体系，及时跟进客户反馈，加强售前、售中、售后服务，对顾客在使用商品中出现的各种问题及时帮助解决，力求把产品及服务做到客户满意、社会满意。截止 2023 年底，产品总销售量近 400 万吨，处理工业固体废弃物近 400 万吨，真正实现了变废为宝。公司承诺：质量第一、诚信为本，把环保、固废资源综合利用、能源节约等项目进行到底，不断进取、钻研，升级产品、及服务，实现企业与员工、客户、股东、社会和谐发展共赢。

3. 发展规划

乐陵市俊林建材有限公司自 2018 年成立以来，已成立 8 个地区的办事处，作为一家新型、环保、节能建筑材料生产企业，产品业务覆盖山东、河北、天津、北京等多个地区，在维护好老客户的同时，公司积极调研市场，充分了解市场需求。公司计划到 2024 年让产品覆盖到内蒙、新疆等地区，同时成立两家分公司，结合公司超细粉磨技术扩增新的客户群体，全面打开北方市场，预计到 2024 年底，公司年综合处理工业固废达 500 万吨，力争 2024 年销售额突破两亿，新增就业岗位 100—150 人。

4. 公司管理团队、创业团队

公司管理团队、创业团队如表 5-3 所示。

表 5-3 公司管理团队、创业团队

	姓名	年龄	毕业院校	年级专业	工作分工	工作经历
负责人	朱波	28	山东体育学院	2013 级运动训练专业	总体规划	毕业后在山东省瑞农农业有限公司、乐陵俊华建材生产部工作锻炼
综合管理部	孟超	35	青岛新港学院	2006 级工商管理专业	办公室综合业务	2014-2018 天津傲绿神农科技有限公司行政主管 2018 至今乐陵市俊林建材有限公司综合管理部经理
生产部	丁玉森	39	天津职业技术学院	2001 级计算机专业	原材料采购	2008-2013 乐陵市瑞林建材有限公司采购部经理 2013-2018 德州美年大健康体检中心后勤部主任 2018 至今乐陵市俊林建材有限公司生产部经理
销售部	李玲	26	济南职业学院	2015 级电子商务专业	产品销售	2017-2018 山东瑞农农业科技发展有限公司人事经理 2018-2021 乐陵市俊林建材有限公司销售部经理
销售	梁路平	24	曲阜师范大学	2013 级国际贸易专业	销售	

销售	马桔峰	24	山东体育学院	2016级运动训练专业	菏泽地区销售	2020年至今任山东大创体育发有限公司总经理

（三）市场与竞争分析

1. 目标市场

市场细分：乐陵市俊林建材有限公司致力于新型建筑材料的研发和推广。

产品：超细复合矿物外加剂势必成为配制高性能混凝土的必不可少的新组分，它可以有效提高混凝土抗压强度，降低成本，同时对抑制碱骨料反应，降低水化热，减少混凝土结构早期温度裂缝，提高混凝土密实度。提高抗渗和抗侵蚀能力有明显效果，公司的目标市场就是北方建材市场各大商混站、水泥厂、砌块砖厂等建筑材料生产企业，把传统掺合料替换成超细复合矿物外加剂，使受用企业产品质量升级，生产成本下降，目标群体明确、广泛，目标市场潜力、空间巨大。

2. 市场现状

随着我国工业化和城市化的不断发展推进，对于建材的需求日益增长，再加上近年来，房地产行业的高速发展，更是进一步拉动了建筑材料的需求增长。截至2020年底我国建材行业规模以上企业为35651个，完成营业总收入5.6万亿元，利润总额4871亿元。因为新冠疫情原因，同比增长幅度不大，但是市场趋于平稳。建材在今后的发展过程中必须重视环保节能，新型建材是发展节能建筑的物质基础，同时也是建筑节能的有效途径。新型建材的使用不仅改善了使用者的工作和生活环境，而且有利于我国建设经济和社会的可持续发展目标的实现。在国内经济环境高速发展的刺激和国家政策扶持下，新型建筑材料势必顺势而起，新型建材行业前途一片光明。

2020-2023年中国建筑行业发展前景分析及发展策略研究报告表明，从长远来看建筑行业是永远不会被淘汰的，因为居住环境和工业基础建设的更新和提高，以及随着生活质量的提高，人们对配套设施的要求高，有力推动着建筑行业的延续和发展。随着社会经济快速发展，国家城镇化发展国规划的实施，新城镇化，新农村道路建设等各项建设投资预算基本到位并已经开始实施，有力促进大规模基础设施发展的同时，助推了各地房地产、保障房、铁路及高速公路等一系列重点建设项目的投资，各种基础设施及工业、民用建筑等建设工程快速增加，而作为重要的工程材料混泥土、水泥等使用量剧增，明显推动建材行业快速发展，如表5-4所示。

建筑行业的发展带动了建筑材料市场的发展需求，新型建材加工行业已在现代化建设中越来越显示出良好的市场前景。本项目产品能充分替代生产混凝土、水泥等产品所需的部分原材料，并且使用后产品效果升级、成本降低，是当前建筑行业市场发展的需要，也是推动建筑行业发展的重要力量。

3. 市场前景

建材业是中国重要的基础原材料工业。建材产品包括建筑材料及制品、非金属矿及制品、无机非金属新材料三大门类，广泛应用于建筑、军工、环保、高新技术产业和人民生活等领域。2019年建材工业增加值同比增长8.5%，比整个工业增速高2.8个百分点；2020年建材工业增加值同比增长2.8%，与整个工业增速持平，主要建材产品生产持续保持增长。2021年保障房和租赁房有望带来新的增量，房地产新开工及投资增速双双加快，

2022 年至今，各类基建投资项目的落地和执行速度持续加快，目前我国城镇化正处于中期发展阶段，城镇人口持续快速增长，建筑行业也在多方面拓展，建筑信息化、环保节能化，工业固废回收再利用，新型建材等新兴产业研发和时间的企业稳步出现。总的来说，房地产也得持续发展，给建材行业带来广阔的市场，对于新型环保建筑材料行业来说，这是一个很好的发展机会。

4. 竞争分析

目前公司是国家建筑材料工业技术情报研究所超细技术示范基地，也是整个华北地区唯一的生产"超细粉的企业"。与传统混凝土掺和料相比较，公司打破了一直延续使用的粗糙矿粉、粉煤灰等原料，采用专利技术使粉体表面活性、粒径、张力更能达到需求，增加相容性、耐候性、耐热性，以及混泥土的流动性、抗沉性、流平性、色泽度等，还能降低粉尘对环境的影响。公司的劣势是传统混凝土掺和料长期占据市场，新型产业推广阻力大，国家暂时还没出台相关标准，部分客户群体的墨守成规以及对未知事物的谨慎使新型产品不能顺利进入市场。

总体来讲，超细粉的竞争优势非常明显。可以等量代替水泥，以 C30 混凝土为标准，每立方混凝土去掉 30—60 公斤水泥加上 30—60 公斤等量的高性能超细粉，可以完全代替矿粉。在用超细粉全部代替矿粉同时再多加入 20—50 公斤超细粉，同时还可减掉等量水泥。提高混凝土的强度，表面光泽发亮；还能解决大体积混凝土的水化热，增加密实度，提高流动性。

以每立方混凝土节约 30—60 公斤水泥计算，二者价差在每吨 150—160 元，即每立方混凝土能节约 5—7 元成本。以 1 个日产量 2000 方混凝土商混站计算，每天节省 10000—14000 元。而且，产品原料主要是工业固废，来源广、量大、价格低。

5. 市场营销策略或商业模式阐述

乐陵市俊林建材有限公司通过对市场分析，对产品定位，明确选择的目标市场，所提供产品使用后及后期服务会带来什么样的结果，使产品在客户心理占据独特的、有价值的位置，以便实现与竞争对手的差异化，明确市场定位，与传统混凝土掺和料的优劣形式区别开，思考经营环境，选择销售渠道，积极推广产品所带来的实际效益及社会效益，开展绿色营销模式，充分体现产品带来的环保、低耗、节能意识及社会意识，让客户知道废弃资源整合综合利用对企业及社会的诸多好处。通过向客户展示实际应用效果，结合产品定价策略，直接抓住客户心理想法，获得较多的销售渠道及较高的销售量，建立客户数据库及信息档案，及时了解客户生产需求，根据客户反馈适时调整产品及服务，力图向客户提供既人性化又严谨有序的销售及服务。

（四）运营分析

1. 生产组织

乐陵市俊林建材有限公司董事会，下设总经理、副总经理、部门主管、车间主任、生产线班组长，针对企业运行、生产、销售、售后开展相关工作，管理职责明确，分工合理有效。

2. 质量控制

2019 年初公司投入 60 余万元建成了设备仪器完备的化验室；配置了完善的计量和质检设备，制定了严格的质量检测流程和标准；同时在人员、设备、原料、操作、环境上实施重点管理，严格控制各工序标准的落实，使产品在生产过程中始终处于高标准受控状态（图 5-10）。

图 5-10 公司办公厂区和化验室

2019 年 8 月获批"中国粉煤灰综合利用优秀企业";2020 年 6 月获批山东省科学技厅科技型中小企业（图 5-11）。

图 5-11 企业荣获的荣誉

3. 组织管理

俊林建材有完善的组织架构及人事管理制度。各部门分工及权责明确，定期召开公司董事会议、职能部门联席会议及各部门专题会议，针对工作开展中的各项问题进行汇报并及时解决，提高了各职能部门办事效率（表

5-4）。

表 5-4 乐陵市俊林建材有限公司组织结构

职能部门	职务	主要职能	具体分工
董事会	总经理	负责企业整体运作	统筹全局，制定和实施企业的宗旨、战略等；对中层管理的考核
董事会	副总经理	助总经理处理公司各项事物	协助总经理处理公司各项事物参与制订公司发展战略规划；根据公司发展战略规划制定分公司发展策略，并组织实施
采购部	采购部经理、采购员	公司所有物资供应	制订公司年度采购计划及相关文件 档案资料管理，并组织实施
质检部	质检部经理、质检员	质量管控	负责制定公司产品检验标准，确保公司原材料及成品品质；参与制定公司产品价格方案
生产部	生产部经理、厂长、车间主任	公司年度生产计划实施	根据公司产品战略规划及年度生产经营计划，通过领导、计划、控制公司的生产经营活动，保障年度生产计划顺利完成。
销售部	销售部经理、业务员	公司年度销售任务	制定公司营销战略规划和年度销售计划，对公司销售团队进行领导、计划、控制，保障公司年度销售任务的顺利完成
财务部	财务部经理、会计、出纳	财务整理及规划	会计核算制定报表；对企业内部提供报告和分析；负责公司的财务运作
综合管理部	综合管理部经理、行政专员、人事专员	公司内部运行管理	根据公司发展战略规划及年度经营各项计划，制定人力资源发展规划，确保公司人才需求；管理公司后勤

4. 人事管理

俊林建材人事管理分为六大块：

（1）人力资源规划

根据公司发展战略规划及年度经营各项计划，制定人力资源发展规划，使企业稳定地拥有一定质量和必要数量的人力，在实现企业和个人利益目标的同时，使得人员需求量和人员拥有量在企业未来发展过程中相互匹配。

（2）招聘与配置

按照企业经营战略规划的要求把优秀的人才招聘进企业，放在合适的岗位上。员工招聘中必须符合的要求：

①符合国家有关法律、政策和本国利益。

②公平原则。

③在招聘中应坚持平等就业。

④要确保录用人员的质量。

⑤根据企业人力资源规划工作需要和职务说明书中应职人员任职资格要求，运用科学方法和程序开展招聘工作。

⑥努力降低招聘成本，注意提高招聘的工作效率。

（3）培训与开发

组织通过学习、训导的手段，提高员工的工作能力、知识水平和潜能发挥，最大限度地使员工的个人素质与工作需求相匹配，促进员工现在和将来的工作绩效得到提高。

（4）绩效管理

绩效管理主要从两个方面考虑：一是员工工作态度：如出勤率、对待工作的热情度和严谨度等，侧重于考核员工是否具备工作责任心。二是员工工作能力和工作业绩：如处理工作事物的速度和完成度、工作完成的质量和数量，侧重于考量员工的工作能力水平。

①绩效考评原则：

公平原则；严格原则；单头考评原则；结果公开原则；结合奖惩原则；客观考评原则；反馈原则；差别原则。

②绩效考评办法：

一是目标绩效考核法：目标绩效考核是自上而下进行总目标的分解和责任落实过程，相应地，绩效考核也应服从总目标和分目标的完成。因此，作为部门和职位的KPI考核也应从部门对公司整体进行支持、部门员工对部门进行支持的立足点出发。同时公司的领导者和部门的领导者也应对下属的绩效考核负责，不能向下属推卸责任。绩效考核区分了部门考核指标和个人考核指标，也能够从机制上确保上级能够积极关心和指导下级完成工作任务。

二是全视角考核法：全视角考核法（360°考核法），即上级、同事、下属、自己和顾客对被考核者进行考核的一种方法。通过这种多维度的评价，综合不同评价者的意见，则可以得出全面、公正的评价。

（5）薪酬福利管理

酬薪组成＝基本工资＋岗位工资＋绩效工资＋奖金＋津贴＋福利

①基本工资：是工资中的基本部分，按月发放并且不与员工绩效考评结果挂钩。员工若因违规、违纪而受到经济处罚时，扣减基本工资。

②岗位工资：岗位工资与职位的重要性、工作的难度及责任等因素相关，充分体现了职位价值，分为基本工资和绩效工资。

③绩效工资：是员工按照公司的业绩要求，完成职位绩效目标应获得

的收入。主要根据员工每个考评期考评结果计算，体现了薪酬的激励性，是员工工资的重要组成部分。

④加班工资：员工在工作时间之外从事劳动应得的报酬奖金。

⑤津贴：合理的津贴设置，对一些工作岗位增加补偿，使薪酬具有灵活性。

⑥福利：福利是指除了工资、奖金外，根据国家、省、市的有关规定所应享受的待遇以及公司为保障与提高员工生活水平而提供的相关福利措施。法定福利包括保险（养老保险、失业保险、医疗保险、工伤保险、生育保险和各种商业保险等）、企业年金等。

（6）劳动关系管理

建立完善合法的劳动合同管理制度。劳动合同订立的原则：平等自愿，协商一致。劳动合同条款大纲：劳动合同期限、工作内容、劳动保护和劳动条件、劳动报酬、劳动纪律、劳动合同终止的条件、违反劳动合同的责任，充分保护劳动者的合法权益。

（五）财务分析

1. 投融资分析

初期发展阶段，乐陵市俊林建材有限公司两位股东共同投资 1000 万作为启动资金，迄今累计投资 5000 万元，计划在未来 1 年内释放 10% 股份，融资 500 万元。

2. 财务预算

乐陵市俊林建材有限公司 2020 年财务预算如表 5-5 所示。

表 5-5 乐陵市俊林建材有限公司 2020 年财务预算表

序号	投入项目	投入金额（万元）	备注
1	建筑工程	1535	
2	设备购置	1935	
3	安装工程	96	
4	工程建设其他费用	666	
5	员工成本	310	
6	铺底流动资金	800	
合计		5344	

3.财务分析

通过以上资源配置，公司不断地建立和完善一个可持续发展的、具有高盈利性的产业生态链，依托高新技术产品，节约能耗及人力成本的同时，也为当地环保节能做出了应有的贡献。

公司成立至今，累计净利润 3189 万元，累计纳税 319.5 万元，2020 年被评为市"依法纳税先进单位"。

（六）风险分析

1.风险分析

①市场风险：该项目需对市场加强监测和对不确定因素进行分析论证，针对市场风险特点，指定相关风险规避措施，进一步提高项目抗风险能力。

②工程风险：项目建设需对工程设计方案进行详细勘测和分析论证，需重点对工程量增加、投资额增加、建设工期延长等可能出现的问题进行分析论证，并要考虑到厂区总体布局和分期建设的规划，做好与后续项目的衔接工作。

③资金风险：企业需要制定科学、合理的融资方案，确保资金准确到

位，应防止资金链中断、供应不足或因利率变化导致工资成本增加，给项目建设和以后的经营造成不必要的损失。

④人员安全风险：该项目建设需要投入大量人力，由于人为的参与，增加了人身安全风险，需要制定合理有效的风险源筛查及规避方案，确保参与者的人身安全。

2. 风险防范及措施

项目开展过程中会面临很多风险，针对安全问题。首先公司要有安全预案，活动组织、进行中要充分考虑到可能发生的风险，这些风险都将直接或间接地威胁到项目开展的结果，在项目建设和营运过程中，充分认识相关风险，并在实施过程中加以控制，大部分风险是可以降低和防范的，深入调查、科学预测，建立科学有效的决策机制，评估风险发生的概率和损失程度，权衡利弊，选出最优投资方案，制定严格的管理制度，将工作中出现的责任落实到个人，并结合相关奖惩机制，将人为原因可能出现的风险降到最低。对于评估出的风险源，制定专门的审核制度，将操作流程标准化，做到有章可循，减少不必要的风险发生。

第六节　防控创业风险

一、创业风险的构成与分类

创业风险识别是指企业依据创业活动的迹象，在各类风险事件发生前运用各种方法对风险进行辨认和鉴别，是系统、连续地发现风险和不确定性的过程。

按照创业风险产生的内容可以划分为市场风险、技术风险、管理风险、财务风险和环境风险等几个方面。

（一）市场风险

市场风险主要是指在创业的市场实现环节，由于市场的不确定性而导致创业失败的可能性，主要表现在市场需求量的不确定性、市场接受时间的不确定性、市场竞争力的不确定性和竞争战略的不确定性等方面。

（二）技术风险

技术风险是指由于技术方面的因素及其变化的不确定性而导致创业失败的可能性。主要表现在技术成功的不确定性、技术寿命的不确定性、技术前景的不确定性和技术效果的不确定性几个方面。

（三）管理风险

管理风险是指创业过程中由于管理不善而带来的风险，主要表现在创业者的素质、决策风险、管理制度风险、机会风险和营销管理风险。

（四）财务风险

财务风险是指因资金不能适时供应而给企业带来的风险。在新创办的企业中，有80%的企业生命周期不超过3年，最主要的原因就是财务风险。

（五）环境风险

环境风险是指由于外部环境的变化给企业带来的风险，主要表现为经济环境风险、政治法律风险、社会文化环境风险、自然环境风险和人口环境风险。按创业风险产生的原因划分，可分为主观创业风险和客观创业风险。

（1）主观创业风险。是指在创业阶段，由于创业者的身体与心理素质等主观方面的因素导致创业失败的可能性。

（2）客观创业风险。是指在创业阶段，由于客观因素导致创业失败的可能性，如市场的变动、政策的变化、竞争对手的出现及创业资金的缺乏等。

二、创业风险的来源

创业环境的不确定性，创业机会与创业企业的复杂性，创业者、创业团队与创业投资者的能力与实力的有限性，是创业风险的根本来源。研究表明，创业往往是将某一构想或技术转化为具体的产品或服务的过程。在这一过程中存在几个基本的、相互联系的缺口，它们是上述不确定性、复杂性和有限性的主要来源。也就是说，创业风险在给定的宏观条件下，往往直接来源于这些缺口。

（一）融资缺口

融资缺口存在于学术支持和商业支持之间，是研究基金和投资基金之间的断层。其中，研究基金通常来自个人、政府机构或公司研究机构，它既支持概念的创建，还支持概念可行性的最初证实；投资基金则将概念转化为有市场的产品原型（这种产品原型有令人满意的性能，对其生产成本有足够的了解，并且能够识别其是否有足够的市场）。创业者可以证明其构想的可行性，但往往没有足够的资金实现商品化，从而给创业带来一定的风险。通常只有极少数基金愿意鼓励创业者跨越这个缺口，如富有的个人专门进行早期项目的风险投资及政府资助计划等。

（二）研究缺口

研究缺口主要存在于仅凭个人兴趣所做的研究判断和基于市场潜力的

商业判断之间。当一个创业者最初证明一个特定的科学突破或技术突破可能成为商业产品基础时，他仅仅停留在自己满意的论证程度上。然而，这种程度的论证后来不可行了，在将预想的产品真正转化为商业化产品（大量生产的产品）的过程中，即具备有效的性能、低廉的成本和高质量的产品，在能从市场竞争中生存下来的过程中，需要大量复杂而且可能耗资巨大的研究工作（有时需要几年时间），从而形成创业风险。

（三）信息和信任缺口

信息和信任缺口存在于技术专家和管理者（投资者）之间。也就是说，在创业中存在两种不同类型的人：一是技术专家；二是管理者（投资者）。这两种人接受不同的教育，对创业有不同的预期、信息来源和表达方式。技术专家知道哪些内容在科学上是有趣的，哪些内容在技术上是可行的，哪些内容根本就是无法实现的。在失败的案例中，技术专家要承担的风险一般表现在学术上和声誉上受到影响，以及没有金钱上的回报。管理者（投资者）通常比较了解将新产品引进市场的程序，但当涉及具体项目的技术部分时，他们不得不相信技术专家，可以说管理者（投资者）是在拿别人的钱冒险。如果技术专家和管理者（投资者）不能充分信任对方，或者不能够进行有效的交流，那么这一缺口将会变得更深，带来更大的风险。

（四）资源缺口

资源与创业者之间的关系就如颜料和画笔与艺术家之间的关系。没有颜料和画笔，艺术家即使有了构思也无从实现。创业也是如此，没有所需的资源，创业者将一筹莫展，创业也就无从谈起。在大多数情况下，创业者不一定也不可能拥有所需的全部资源，这就形成了资源缺口。如果创业者没有能力弥补相应的资源缺口，要么创业无法起步，要么在创业中受制于人。

（五）管理缺口

管理缺口是指创业者并不一定是出色的企业家，不一定具备出色的管理才能。进行创业活动主要有两种：一是创业者利用某一新技术进行创业，他可能是技术方面的专业人才，但不一定具备专业的管理才能，从而形成管理缺口；二是创业者往往有某种"奇思妙想"，可能是新的商业点子，但在战略规划上不具备出色的才能，或不擅长管理具体的事务，从而形成管理缺口。

三、创业风险的识别过程

识别创业风险是一项复杂而细致的工作，要按特定的程序和步骤，采取适当的方法逐层次地分析各现象，并实事求是地做出评估。风险可以分为以下三种形式：

（1）必然风险，即无论如何都不可避免的风险。

（2）潜伏风险，这种风险的发生取决于一定的诱发因素，风险有可能发生，也有可能不发生。

（3）想象风险，即人们猜想和想象的风险，是心理反应的产物，其实不会发生，这种风险就是假风险。

所谓创业风险识别过程，是指创业者依据企业活动，对创业企业面对的现实及潜在风险，运用各种方法加以判断、归类鉴定风险性质的过程。

（一）确定导致创业目标不确定性的客观存在

这里强调的是导致创业风险的不确定性的客观存在，因此，必须要发现或推测要素是否存在不确定性。如果所有要素是确定的，不能称为风险。

在此基础上，要确定要素的不确定性本身必须是客观存在的，是事实上存在的，不以人的意志为转移，不能凭空想象和捏造。

（二）建立创业风险因素清单

建立创业风险因素清单是识别创业风险的基础工作和前提条件。创业风险因素清单可以在创业风险机理研究的基础上构建起来。清单中应明确列出客观存在和潜在的各种风险，应该包括各种影响创业研究、制定．实施、控制及影响企业的生产、经营和经济效益的各种因素，可以通过理论研究成果和实际的经验进行判断。建立清单可以通过商业清单或一系列调查表进行深入研究、分析而制定。

（三）确定重要的风险事件并对其可能的结果进行测算

根据清单中的各种重要风险来源分析和推测各种可能性，结合创业管理的手段和方法测算对创业影响的程度、创业成本耗费和最终企业的各种绩效指标的变化。

（四）进行创业风险因素分类

对创业风险进行分类的目的是更加深入地理解创业风险的性质、特征和构成，并在此基础上制定更好的管理对策。对创业风险进行分类必须结合创业风险要素的性质和可能性结果及彼此之间的关联程度，这样有利于更加确切地理解风险、预测结果。

（五）进行风险排序

风险识别的结论是对其进行归类，即根据风险分类和各种可能的影响结果按照一定的方法进行排序，分别列入不同的风险级别。每个风险级别都有自己的风险特征，包括不同的发生频率和严重性。

四、创业企业风险管理的基本方法

有效防范风险的主要方法有四种：减少可避免的风险、实行损失管理计划、分散风险、非保险方式的转移风险。

（一）减少可避免的风险

当创办企业发现从事某一项活动会涉及过高的风险时，可决定减少或放弃这项活动，以便减少甚至完全避免风险。避免风险有两种方式：一种是完全拒绝承担风险；另一种是放弃原先承担的风险，但是这种方法的适用性很有限。

（二）实行损失管理计划

损失管理计划分为防损计划和减损计划。防损计划旨在减少损失的发生频率或消除损失发生的可能性。建造防火建筑物、质量管理、驾驶技术考核、颁布安全条例、提供劳动保护用品、检查通风设备及产品改进等均是减少损失频率的措施。

（三）分散风险

人们常说的"不要把鸡蛋都放在同一个篮子里"，讲的就是分散风险的道理。分散风险是指通过增加风险单位的个数来减少风险损失的波动。这样企业一方面可以比较准确地预测风险损失，另一方面可以减少预防风险所需预备的资金。

（四）非保险方式的转移风险

在风险管理中，普遍使用的非保险转移风险的方式是合同、租赁和转移责任条款。例如，一家公司在与某建筑承包商签订新建厂房的合同中规定，建筑承包商对完工前厂房的任何损失负赔偿责任；再如，计算机租赁合同中规定租赁公司对计算机的维修、保养及损坏负责；又如，出版商在出版合同中加入转移责任条款，规定作者对剽窃行为自负法律责任。

第六章　双创背景下体育院校大学生创新创业模式

本章为双创背景下体育院校大学生创新创业模式，分别介绍了体育网络创新创业模式、兼职创业现象及实训创新创业模式、比赛双轨制创业模式三方面内容。

第一节　体育网络创新创业模式

一、相关概念界定及云平台设计

（一）云平台思维的概念

云计算平台已经在世界各地得到广泛应用，涉及政务、企业管理、医药等领域，还有很多领域也开始慢慢地接受云计算平台，并且逐步使用云平台。[①]云计算技术是信息时代的新兴技术，是互联网技术不断发展的产物，将引领世界第三次信息技术革命。因此，应认真研究云平台相关内容，在处理日常生活、工作中的难题时要学会借助云平台看待问题、分析问题、解决问题。在此，将分析和解决问题的思路叫作云平台思维。

[①] 黄晓晓，方娜作.体育创业模式改革研究 [M].哈尔滨：哈尔滨出版社,2021

云平台思维，顾名思义就是站在云平台的高度利用云平台的优势特点认识问题、分析问题、解决问题的思维方式，是对云平台思维的一种初步认识。云平台思维主要用于解决产业发展的问题。

倡导产业发展要使用云平台思维解决问题。平台思维是一种站得高、看得远的思维模式，人只有不断站在更高的平台上，才会更利于发展。古代的科学技术不发达，那时候人们想去什么地方只知道走过去，慢慢地人们发现了骑着马去不但能保留力气而且还能节省大量时间，再到了现在人们可以选择骑自行车、开汽车、坐轮船、坐飞机等，更加省时省力。由于人们所处的时代不同，时代给予人们不同的平台，导致人们在不同时代做同样的事情会选择不同的思维方式和解决途径。当你处于较高层次的平台时，即使只付出了很少的努力，你也将会比那些付出多几倍努力但处于较低平台的人们收获得多。

我们这里所讲的云平台并不是哪一家网络公司开发的平台，不是Google 的 GAE 平台，也不是 Amazon 的 EC2 弹性云，而是一种泛指。这种云平台指处在平台最顶层的云端，不拘泥于某一领域或者某一行业，是所有领域的最顶层。

云平台是将每一片区域的信息集结成一片云，再将所有区域联合起来形成一个云端。云平台思维强调的是在做事情之前，在政府、企业、社会组织等开发项目之前，需要有依托云平台发展的想法。实力雄厚的组织（政府、大型企业等）应当建立自己领域的云平台，实力薄弱的中小型企业、社会团体、个人等要根据需要选择依托于适合自身发展的云平台。在养成这种思维后，最大的益处是信息共享，提高 IT 资源的有效利用率和信息数据处理速率。对于大型企业来说，有利于企业内部管理，减少企业的管理成本，提高办事效率，促进企业稳步进步，保持其在该领域的领先地位；对于中小型企业而言，可以大大减少企业前期的投入成本，将资金用到刀刃上，也可以使他们享受到该领域先进的技术服务，了解该领域前沿的发展资讯，促进其快速发展。

（二）体育产业公共服务的概念

通过对体育产业、体育公共服务等概念的研究，探索体育产业公共服务的概念。体育产业公共服务由体育产业和公共服务组成，体育产业是一个限定词，公共服务是一个上位概念，体育产业公共服务是公共服务的下位概念，是公共服务在体育产业领域中的延伸，属于经济公共服务。同时，体育产业应该属于体育事业，是体育事业的一个下位概念，体育公共服务中既包含社会公共服务性质的纯体育公共服务，也包含经济公共服务性质的准体育公共服务。根据公共服务概念，可以将体育产业公共服务定义为满足体育产业发展需要而提供的公共产品与服务。这里的公共产品既包括纯公共产品，又包括准公共产品；服务性质既有公益性质，又有盈利性质。

体育产业公共服务可以理解为由服务主体向体育企业或是经营体育产业的团体、公民提供的服务。根据体育产业公共服务概念，可以将体育产业公共服务内容分为：一是政府通过制定相应的法律法规维护体育产业发展的正常秩序，保护与体育产业发展有关主体的合法权益。同时，严厉打击破坏体育产业健康发展秩序、违法犯罪的行为。二是研究体育产业发展规律，为体育产业发展制定长远规划，根据现有数据对体育产业进行预测分析。三是建立体育产业信息平台，为体育企业以及从事体育产业相关工作的公民提供信息交流平台，及时有效地向全社会发布准确权威的资讯。四是为体育产业发展提供一切最基本的基础设施。

（三）体育产业公共服务云平台的设计

这里所讲的体育产业公共服务云平台指由政府部门通过顶层设计，统筹规划，组织搭建和维护的服务云平台。这种服务云平台旨在利用先进的云计算技术，完善发展体育产业公共服务。

体育产业公共服务云平台的设计是由政府部门主导，相关企业与第三部门作为协同部门不断进行优化与完善，因而体育产业公共服务云平台的建设主体是多元化的。由大量低成本的数据存储设备通过虚拟化技术而建成的云平台基础设施层，具有海量存储和快速计算功能，利用该功能集合各方资源，可以建立信息量极大、运算速度极快的云资源数据库，平台受众通过不同的检索方式，快速、有效地获取所需信息。利用体育产业公共服务云平台的平台层兼容性，在平台层中构建即时通信系统，并将即时通信系统与体育产业公共服务云平台应用层中的咨询服务、供求服务、投融资服务、创业就业服务、信息反馈服务模块相连。在发挥云平台强大的运算、存储功能的同时，利用即时通信系统完善体育产业公共服务云平台应用层中各个应用功能，达到利用云平台发展体育产业公共服务的目的。

二、体育产业公共服务云数据库的构建路径研究

云计算技术使得网络具有强大的储存与计算能力。这里讲的是基于云平台强大的储存与计算能力研究体育产业公共服务的发展。在当今时代，信息资源是强大的资源，谁拥有强大的信息资源，谁就能笑傲市场；谁能在第一时间拥有更多的有用信息，谁就能领先发展。信息的时效性、准确性以及数量，对于我国体育产业的健康发展十分重要，也是大型企业能称雄一方的必要因素。

基于云平台研究体育产业公共服务的主要路径之一，是云资源平台的

构建路径，旨在利用云平台强大的信息储存与计算能力为公众提供公共服务。云资源平台具有云计算技术的强大储存和分析能力，不拘泥于企业自身的基础设施水平，可以将储存和分析能力赋予网络，凡是能够接收网络并且进出平台客户端的用户都可以享受储存与分析服务。

体育产业云平台可以在平台上建设一系列产业数据库，如体育产业组织数据库、体育产业人才数据库、体育产业项目数据库、体育产业企业数据库、体育产业产权数据库、体育产业场所数据库，通过建设数据库使所有与体育产业相关的企业、投资者、求职者等主体，可以在第一时间了解到及时、全面的产业信息，打破传统产业发展模式的信息壁垒。同时，云资源平台还具有强大的分析能力，可以不断搜集、整理与体育产业有关的信息，并为用户提供信息关键字搜索服务，使用户可以及时搜索到所需要的信息。用户在搜索使用信息时，使用的内容以及注册、登录、填写信息表等也为云平台提供了新的信息，使得这些信息可以动态循环，不断产生新的信息。云平台可以利用强大的分析能力分析这些数据，描绘体育产业的发展趋势，不断完善云平台和体育产业公共服务模式。

（一）体育产业公共服务企业云数据库

体育产业公共服务企业云数据库是基于云资源平台强大的储存与计算能力所建设的企业云数据库，主要包括企业相关信息，可以供企业进行内部管理以及供其他主体查阅。企业云数据库所储存的样本信息量是任何一个体育产业企业或者传统咨询企业所不能比拟的。建设一个统一的、规模宏大的数据库，有利于消费者了解企业真实的信息，不会受不良网站影响而上当受骗。企业通过查阅其他企业的基本情况和可公开的财务数据，可了解整个体育产业市场的大体发展趋势。

不论从哪个角度看，企业在带动经济发展、促进产业规模化等方面都有不可替代的作用。体育产业主要依靠企业发展，企业信息对于产业发展具有重要作用。无论是个人、团体投资体育产业项目，还是消费者购买体育产品与体育服务，都需要了解企业的相关信息；无论是企业进行内部管理，还是国家了解市场行情制定宏观政策，都需要对企业信息数据进行管理与分析。因此，建立体育产业企业数据库势在必行。

体育产业企业数据库包含的数据可以分为两大类信息：一类是企业内部数据；一类是企业外部数据。企业内部信息数据库是企业为了方便信息管理而设立的，主要包括企业注册信息、企业员工个人信息（姓名、性别、学历、职称、籍贯、政治面貌、专业、所从事业务等）、企业内部财务信息、企业内部技术信息库以及企业产品生产、销售、流通等产生的相关数据。企业内部信息数据库只有企业内部特定的管理成员具有访问权限，且由企业特定部门进行上传、修改，其他企业、个人无法进入。

企业外部数据库的建设是为了方便其他企业、消费者能够及时有效地了解企业的基本情况，数据信息主要包括企业名称、企业法人、创办时间、注册类型、联系方式、具体地址、主营业务、企业规模、企业可公布的财务信息（固定资产、流动资产、投资金额、无形资产、负债情况、业务收入概况、进出口情况、工资情况、福利待遇）。

（二）体育产业公共服务社会组织云数据库

体育产业公共服务社会组织云数据库，主要是利用云资源数据库储存体育产业相关社会组织的信息。体育产业社会组织指从事体育产业发展相关工作，以体育产业发展为共同利益而组织的社团、协会、基金会、财团和中介机构等。体育产业组织主要具有公益性质，是政府管理部门的协助者，促进体育产业管理工作顺利进行，维持体育产业健康秩序。

体育产业社会组织是发展体育产业的社会力量，是协助政府部门为体育产业提供咨询、培训、资金和指导等服务的社会组织。我国政府逐渐由管理型政府转变成服务性政府，政府部门对各行各业的管理力度有所降低，而一些具有公益性质的社会组织将会填补政府管理空缺，成为提供公共服务的新锐力量。

对于体育产业这一新兴产业来说，机构建设不完备，基础设施亟待完善，所以需要依靠社会组织力量促进产业发展。因此，体育产业公共服务数据库不可或缺。利用云平台所具有的 IT 资源，可以将分散的与体育产业有关的社会组织、团体信息整合起来，方便体育产业中各个主体根据自身需求查询所需信息数据。

体育产业组织数据库信息包括组织名称、成立时间、组织地址、组织工作人员、主要从事工作、所能提供服务等。其中，工作人员信息属于组织内部管理，除个别服务人员信息可公布外，其余都需要保密。

（三）体育产业公共服务人才云数据库

体育产业公共服务人才云数据库，是利用云资源平台存储处理各种人才数据信息的云数据库。这种基于云平台建设的人才云数据库具有强大的储存和分析能力，不仅能够储存数以万计的人才信息且不影响系统顺畅运行，而且能利用分布式计算技术建立一套高效的人才信息搜索系统。传统的人才查阅办法是通过查阅相关机构网站发布的人员信息或者特意访问专家、学者的个人网页，这种方法不但耗费时间，而且不能系统地了解所需要的人才信息。

与传统方法相比较，人才云数据库的检索具有以下优势：一是人才云数据库储存的信息量巨大，储存能力可以无限制扩展。无论是知名的专家、学者，还是刚刚毕业从事体育产业相关工作的求职者，都能被收录其中，填补我国体育产业人才、专家信息数据库的空白。二是数据库建立了人才数据搜索系统，根据人才特点进行分类，方便人们按需查找，提高工作效率。三是基于云平台强大的 IT 资源而建立的数据库，具有稳定的应用系统环境，利于人才数据系统的更新与维护，利于管理数据库。

21 世纪最重要的资源是人才资源，发现人才、培养人才、留住人才、使用人才是目前世界各国都在做的重要工作，人才优先理念也得到了世界各国的共识。如何发现人才，找到人才为我所用，一直是企业、政府部门长期关注的问题。体育产业是我国的新兴产业，其发展仍然处于起步阶段，体育产业人才问题是制约我国体育产业发展的一个瓶颈，建设体育产业人才数据库，是解决体育产业人才问题的一个重要策略。

体育产业人才数据库收录的重点对象，包括在国外的华裔科学家、出国留学体育专业人才等，在国内处于体育专业相关领域内具有一流水平或极具发展潜力的专家、学者。同时，人才数据库还为要从事体育产业相关工作的求职者提供一个信息平台。求职者可以把个人信息投入该信息平台，经过认证审核后可以被供职单位所查阅。供职单位与求职者可以使用云平台的交流沟通应用就工作问题进行双向交流。

体育产业人才数据库的主要信息包括姓名（中文、英文）、性别、出生年月、学历、政治面貌、联系方式、通讯地址、照片、专业等。具有较高水平的专家、学者要明确研究领域，标定个人的主要研究方向，撰写个人工作简历，即主要工作经历、教育经历、论著、获奖情况、课题研究经历、出国深造情况等。求职者则要特别突出个人的专业特长，明确要从事体育产业哪一方面的业务工作，填写向往工作的企业名称与具体工作岗位。

（四）体育产业公共服务项目云数据库

体育产业公共服务项目云数据库是利用云资源平台，储存体育产业相关项目信息的云数据库。基于云平台而建设的体育产业项目云数据库，是拓宽体育产业投融资渠道的重要手段，能够使投融资双方及时有效地了解所需要的信息，解决项目进行中信息不对等的问题，相当于为体育产业发展提供一个投融资平台，为体育产业项目的顺利进行所需要的技术与资金进行衔接，进而为整个体育产业发展提供信息服务，促进体育产业健康发展。

体育产业的发展与众多产业发展一样，需要出口、消费、投资。如何找到合适的投资方，有哪些好的投资项目，是企业公司和投资方都十分关注的问题，这个问题的本质是信息共享。建立体育产业项目数据库有利于项目信息共享，方便投资者了解体育产业的最新发展动态。同时，项目完成后即可进入成果数据库，为以后开展类似项目的企业、公司提供经验。

体育产业项目数据库主要分为进行中的项目数据库与成果数据库。进行中的项目数据库需要更新企业组织、个人想要开展的项目情况，表明项目所需要的技术支持、人力支持以及资金支持，促进有意向者加入项目。成果数据库主要是将已经完成的产业项目收录入库，提供可以公开的项目数据，供有意向开展类似项目的企业与个人参考与借鉴。

项目数据库的内容包括项目名称、项目内容、项目来源、项目类别、项目起止时间、加入项目的条件、项目效益等。

（五）体育产业公共服务产权云数据库

体育产业公共服务产权云数据库是利用云资源平台存储与体育产业相

关的产权信息云数据库。传统的知识产权档案是储存在非电子化档案库里的，这些专利很容易被忽视，其他国家机构也会因为信息不流通而不了解该专利权已经被申请，将其授予其他申请者，造成市场混乱。基于云平台建设的电子数据库可以避免这些问题。只要是有网络、有权限登录平台客户端，就可以获得所需要的信息，而且可以利用云平台发布科学技术信息、专利转让信息、技术需求信息，还具有成本低、时间久、传播面广、传播速度快等优点。

推进知识产权保护、促进科技成果转化是建设创新型国家必须做好的工作。保护知识产权，维护发明者的合法权益，有利于激发科研人员的创新动力，将创新成果及时转化为实用技术或者成品，有利于实现创新的价值，促进社会发展。因此，要促进企业、社会组织等了解国家知识产权工作发展的战略、方针、政策，及时了解国内外科学技术的发展创新情况，丰富自身知识，开阔视野，运用先进的信息资源及科学技术促进经济发展。

我国体育产业的发展还处于萌芽期。在产业发展过程中，管理、生产、流通、科研等方面都会具有体育产业发展的特色，其中会产生创新方法、专利技术等。这些知识产权如何被保护、被使用是政府、企业、发明者十分关注的问题。基于云平台而建设的体育产业产权数据库是解决这类问题的重要途径。

体育产业产权数据库主要包括两个方面：一是专利数据库，主要包括与体育产业有关的管理方法、生产技术、商标标识等符合我国知识产权标准的专利，其中需要标明专利名称、专利权人、专利日期、专利内容简介等信息；二是产权成果转化数据库，主要包括已经研发出来的生产技术，管理方法等，但是还未用于实践。数据库中的专利部分可以进行专利权转让，部分可以付费使用专利，具体情况可以由双方利用云平台的沟通应用协商。

（六）体育产业公共服务场所云数据库

体育产业公共服务场所云数据库是利用云资源平台储存发展体育产业的场所信息云数据库。基于云平台而建立的体育产业场地数据库，不但方便体育活动的举办，也为商业庆典、重要会议、商业展览会提供所需场地的数据信息。为企业、公司提供场地信息服务，有利于提高体育场地、场馆的使用效率，有利于提升体育场馆、场地自我更新和维护的能力，大大促进体育场馆业的形成与发展，成为体育产业产值增加的一个重要突破口。

体育的本质可以理解为身体活动的教育。体育区别于其他教育的主要形式是需要进行身体活动，体育主体产业也是以提供一定形式的体育劳务为主要盈利手段。无论是要进行身体活动，还是要进行与体育主体产业有关的产业活动，都需要一定的运动场地、场馆。从现实状况来看，我国缺少综合型的大型体育场馆，而且现有的场馆利用率极低，荒废严重。随着生活水平的不断提高，人们的健身欲望越来越强烈，同时体育产业企业要开展大型体育赛事，也需要寻找具有合适设备设施的活动场地。在这样的情况下，建立一套完善的体育场地数据信息库十分必要。

体育产业场地数据库需要的信息主要包括体育场馆的名称、地理位置、场地面积、场地类型、租借价格、联系方式、可供租借时间表等。企业可以通过根据开展体育活动的需要，选择满足活动规模、适宜类型的场地，并且根据所提供的参考价格、可公共租借的时间表，选择具体的场地联系协商具体租借价格、时间以及租借其他的规定要求，并签订租借合同，开展体育活动。

（七）体育产业公共服务云数据库的信息处理

基于云平台构建体育产业公共服务模式，主要通过利用信息服务发展产业。信息具有时效性、真伪性等特性，利用云平台构建体育产业公共服务新模式的重要手段，是要发布有时效性、权威性的信息，使政府部门、企业、个人等与体育产业有关的主体能够了解体育市场的现实变化、动态行情，并根据现实情况出做决定。

体育产业云资源平台的实质是体育产业的数据库，是利用云平台强大的储存与分析能力处理体育产业的数据信息，方便人们查询且获得所需信息，包括采集信息与信息检索。

体育产业的信息采集内容主要包括信息主体数据、统计分析数据、平台主体数据三个方面。信息主体数据采集流程是：信息主体根据身份申请相应的身份账号，然后通过客户端进入数据库，并将自己的信息输入到相应的数据库，由平台审核机构在一定时间内审核发布。信息不实者，审核机构可以小范围内改动或者直接发回给信息主体修改，否则不予处理。

统计分析数据采集指分析整理信息主体的输出信息以及平台数据库已具有的数据，将这些数据分门别类，根据不同的性质特点归纳分析得出分析数据，以供用户参考。平台主体数据指平台的管理者根据所知道的国家政策变化、企业信息情况等，在平台数据库中存储数据信息或者发布信息。

数据库的建立是为了储存有用的数据供有需求的用户使用研究，方便用户检索查询，是建设数据库十分重要的程序。基于云平台而建设的数据库检索查询方式主要包括两种：一种是按索引查询，另一种是关键词查询，即用户可以按照划分的目录进行查找，也可以在数据库搜索栏内输入关键词进行具体查询。用户进入检索查询平台后，根据所需信息类型选择查询方式进入数据库查询，便可查出所需信息。

第二节 兼职创业现象及实训创新创业模式

一、体育专业兼职现象研究

（一）体育专业学生兼职的利与弊分析

1. 体育专业学生兼职的好处

通过兼职，大学生可以满足自身需求，增加成就感和自信心；可以提前接触社会，了解市场运行法则，掌握从容生活的能力，变得更加成熟，为以后的工作打好基础；可以提高个人的实践能力，做到理论与实践相结合，对提升专业技能起到促进作用。大学生兼职是对各种职业的尝试，利于找到合适的工作，是对个人职业生涯进行提前探索，有效保障未来事业与兴趣的一致性，更好地为社会做出贡献。

2. 体育专业大学生兼职的弊端

如果占用学习时间做兼职，会降低大学生上课的积极性，影响学业成绩，严重的情况会影响毕业。大学生有大量的空余时间可以看书、学习，提升自己，若兼职所得的报酬比较低，不仅不能增加个人的社会经验，还会浪费大好的学习时光。

在校外兼职会遇到各种问题，安全性也不能得到保障。兼职占用了大量的课余时间，与同学之间的交往会减少，使同学之间的关系慢慢变淡，兼职的大学生会感到孤立。

（二）结论与建议

体育专业的四个年级中大多数学生都有兼职的经历，只是时间长短、工作类型各不相同。学生在兼职过程中会遇到合法权益被侵犯的情况，最后的结果往往是大学生吃亏，造成大学生自身感觉是廉价劳动力的心理特别严重。学校有关部门对于大学生兼职这一现状了解甚少，介入较少，使得学生在要不要兼职、应该做什么兼职等问题上比较迷茫。不过总体来说，大学生的兼职行为利大于弊。

因此，体育专业的大学生可以在不影响学习的情况下，根据自身条件选择合适的兼职工作锻炼自己的能力，提前接触社会。在学校要扎实自己的专业知识，学到真本事，有一技之长和过人之处，在兼职过程中或者毕业后才能更容易地找到适合自己的工作。学校或者院里应该对学生大学期间的兼职进行建议或者规划，有一个正确的引导。大学生自身应该了解法律的基本常识，在兼职过程中学会保护自己的合法权益不受侵犯。在学校期间应该适当接触社会，磨炼自己，增加社会经验，才不至于在工作中过于被动。

二、以商务实践为导向的体育大学生创业实训体系研究

随着我国大学生就业渠道的多元化，许多大学毕业生选择自谋职业。然而，由于缺乏必要的经营管理知识、市场营销技能与岗位操作能力以及社会交往与人际沟通能力，加之没有足够的社会资源与资本的支持，真正走上创业之路的大学生比例较小，而成功创业的更是寥寥无几。之所以出现这些情况，缺乏专门的创业实训以及商务实践经验的不足是主要原因。

体育大学毕业生，虽然具有健壮的体魄、坚韧的心理和勇于挑战的创业者特质，但单一的知识结构与专业技能，使他们难以在充满机遇和挑战

的体育产业领域开拓创业。多年来，体育院校在推进专业教育教学改革进程中着重强化实践教学环节，搭建以培养大学生能力素质为目的的校内外创新创业教育活动平台，在强化专业教学基础上，加强创新创业能力的培训，提高学生择业竞争力。

本书结合体育院校实际，就大学生商务实践创业实训活动等相关问题进行探讨，构建以培养创新创业能力为目标的商务活动实践模式，以期为推动学校创新创业教育工作、开展行之有效的创业实训活动提供帮助。

（一）实施以商务实践为导向的创业实训活动的目的与意义

创新创业教育是培养具有首创精神、创业素质、开拓意识、社交才能的开创性个体的实践活动。创新创业教育与传统教学的根本区别在于，突出大学生创新与创业能力的培养，体现社会经济发展对人才知识、能力和素质的根本性改变。创新创业教育对高等院校专业教育、教学实践、科学研究、师资队伍、学生活动等多方面的资源进行整合，最大限度地为大学生创造职业技能培训条件，营造利于创业型人才培养的氛围。目前，体育院校并没有完全将创新创业教育纳入专业培养体系，与大学生的知识、能力和个性化培养相结合，与专业教学、社会实践以及第二课堂相结合，缺乏必要的管理制度、师资队伍和教学计划，更缺乏有形的培训体系与活动模式，不能真正实现通过实践活动挖掘学生创业潜能，培养创业型体育人才的教育目的。例如，举办大学生创业计划大赛，由于大学生缺少对商业领域的亲身体验以及必要的经营管理知识，创业计划缺乏必要的市场分析数据，商业计划缺乏可行性，与创办新企业的规划设想相差甚远。实践证明，建立与市场接轨的创新创业实训模式，实施系统规范的创业商务实践活动，对培养大学生创造性思维、工作能力、合作协调能力、耐挫折能力、岗位认知、社会适应性和再学习能力具有重要作用，是培养大学生创新与创业能力的有效载体与途径。同时，对优化大学生第二课堂活动内容，建立与市场接轨的大学生课余活动体系，培养提高社会适应性具有推动作用。

（二）以商务实践为导向的创业实训活动内涵

所谓商务实践，指企业为实现生产经营目的而从事的各类有关资源、知识、信息交易等活动的总称。创业实训是让大学生在社会商业环境中亲身体会企业、公司的运营过程和生产流程，帮助大学生掌握应对在现实创业中可能遇到各种问题的解决办法，从而提升岗位认知能力、职业技能和企业经营管理中的分析决策能力。其核心与内涵是以职业活动为引领，以人的发展为本位，突出职业实践能力的综合培养，是一种新的实践教学模式。

商务实践的教育目标是学习行业知识、掌握职业技能和提高创业能力。其操作流程为学生是学习训练过程的中心，教师是学习训练的协调者，公司员工是学习训练的对象，遵循"组建团队、制订计划、市场调查、决策分析、角色分工、岗位操作、总结调整"的"商业行动"过程。在实训中让大学生接触社会，在岗位工作中获取市场信息、选取行业领域、制订创业计划和评估计划的可行性，在亲自动手的岗位实践中，积累创业经验和构建创业知识体系。实践证明，这种基于社会商业环境的创业实训更能激发大学生的创业热情，促使更多的大学生走上创业之路。

（三）构建以商务实践为导向的创业实训活动平台

构建创业实训活动体系必须结合学科特点，体现专业特性、学生层次和个体未来需要，充分考虑不同学科专业学生以及同一学科专业学生的知识背景、思维方式和做事风格的不同，以及对创业教育需求内容和商务活动需求的差异。为此，遵循面向社会、服务社会的教育思路以及施用累能的教育思想，研究构建"感悟职业、兼职锻炼、服务社会"三位一体的体育大学生创业实训平台活动体系，让大学生到市场环境中接受磨炼，实现激发创业热情、积累创业知识、掌握创业能力、提高社会适应力的教育目标。

1. 商业感悟实训平台

商业感悟是采取走访、调研的方式，到商业领域了解市场行业发展状况、产品供应情况、消费群体需求、产品市场定价、产品销售渠道及促销策略、企业公司运转与管理以及规避创业风险等，撰写调研报告，为选定的职业发展方向，制订创业计划，提供详实的材料与数据。可采取的操作模式有：自发组建创业实践团，拟订调研内容，利用课余时间到企业、公司、商场、社区、体育俱乐部、个体商店与摊点等商业领域进行调研，了解行业发展状况，清楚社会人才需求，提高市场洞察力和创业谋划能力；个体或组队到超市、书报亭、教育机构、信息咨询等校内外经济实体进行工作体验，了解小型经济实体的经营管理过程，提高社会适应能力，掌握一定的岗位工作能力；利用暑期社会实践的机会，深入工厂、农村、学校开展科技帮扶、法律援助、专项调查、信息传播和专业辅导等活动，在实践中受教育、增知识、长才干。

实践证明，结合体育院校特点，围绕一项具有市场前景的产品或服务，如体育健身指导、体育服装样式需求等，开展商业感悟活动，是行之有效的方法。具体做法是：要求大学生在广泛的市场调查基础上进行深入研究，个人或团队完成一份把产品或服务推向市场完整而又具体的计划报告。报告内容包括企业概述、业务展望、风险因素、投资回报、退出策略、组织管理、财务预测等方面，最终把创业计划变成现实。大学生通过具体项目的社会调查活动，在了解市场需求和制订创业计划的过程中，积累创业经验，并为未来的创业工作做好心理准备。同时，可以看到个人优势、劣势，制订未来学习计划，加强职业发展方向，增长创业知识，形成基本创业综合能力。

2.岗位兼职实训平台

创业具有社会实践性，大学生需要到社会经济领域亲身感受和动手操作，在参与企业商业运营过程中了解商品的销售模式、企业的生产流程以及相关管理知识与技巧，从而提高社会适应能力，磨炼岗位职业技能和创业操作技巧。可采取的操作模式有：利用课余时间到不同岗位兼职打工、磨炼，提高创业技能；利用实习机会到企业、公司等单位挂职，促进专业技能的实践转化，提高职业技能，了解岗位工作要求，为进一步学习确立目标；以入股的形式参与企业公司的创建，从组建团队、选择经营地点、制订商业运营计划、筹措资金到登记注册，了解创业操作流程，亲身体验创办小型经济实体的过程，培养创业能力，提高综合素质。

实践证明，长期化、社会化、实战化的岗位兼职锻炼，能够有效增长学生见识，提高知识应用能力，更为突出的是可以激发大学生创业意识，磨炼创业心理素质，清楚创业艰难，克服追求享受、贪图安逸的懒惰思想，牢固树立艰苦奋斗的创新精神。例如，河北体育学院外语系在石家庄、北京等地与高尔夫球俱乐部建立合作关系，建造高尔夫球英语社会实训实践基地，大学生以员工的身份进行定岗实践和专业实习，承担前台接待、餐饮服务、球童等工作，进一步熟悉企业运营过程，学习体育知识，锻炼岗位工作能力，更为重要的是在工作中提高高尔夫球英语运用能力，同时获取一定的经济收益。

3.社会服务实训平台

依托社会环境开展形式多样的服务活动，培养创业意识，磨炼创业技能，提高竞争力。可采取的操作模式有：专业技能辅导，依托大学生社团或创业俱乐部，成立体育训练指导服务团队，选取校内大学生或体育场馆、公司、企业、体育俱乐部、全民健身中心、社区等活动人群作为服务对象，进行体育知识传授、体育技能指导、体育产品推销等活动，提高服务意识，培养创业技能，在满足大学生创业需求的基础上获得"双赢"；创办商业实体，学校建立微型创业平台、仿真公司和开店环境，指导学生创办实体店和商业公司，鼓励大学生经营买卖、商务服务、技术发明和成果转让。在模拟实训的基础上，高校还要积极与社会企事业单位，尤其是体育竞赛组织机构沟通联系，建立合作关系，让大学生以员工身份参与生产、销售、管理和组织工作，提高社会经验，掌握创业技能，培养创业素质，同时获取一定的劳动报酬。

实践证明，根植于社会平台的创业实训服务活动是培养提高大学生创业素质的有效模式。从初步设计到创立与经营，自主制定公司章程，根据公司需要设立必要的管理机构，制定规章制度，明确责任分工，取长补短，团结协作。同时，积极与企业沟通，建立"学习、经营、服务"的协作运行机制，将大学生资助、研发、营销、服务与社会企业融合，形成共赢的实体经营模式。这种基于建立企业实体的创业服务活动体系，将为大学生提供更接近实际的训练平台，对拓宽大学生就业思路，提高自主创业意识起到更为有效的教育效果。

目前，欧美等发达国家的高等院校对创新创业教育给予极大重视，建立了一套比较完善成熟的创业活动体系，并将其作为创业型人才的教学理念与载体。我国作为人力资源大国更需要高度关注，建立切合我国国情、行之有效的创业教育体系，通过开展创新创业活动，培养提升大学生的创新意识、创业能力和综合素质，促使更多的体育大学毕业生成为职业岗位的创造者以及体育事业的经营者，这是建立创新型国家的需要，亟待广大体育教育工作者进行深入研究与实践探索。

参考文献

[1] 高妍，周红旗.双创背景下体育院校学生创新创业研究 [J].科技资讯，2022，20（03）：254-256.

[2] 任娟娟.产教融合下高等体育院校创新创业教育对策研究 [J].科技与创新，2021（22）：95-97.

[3] 王瀚彬.体育院校大学生创新创业发展研究 [J].商业文化，2021（22）：135-136.

[4] 袁晓波.创新创业教育融入体育教育专业排球课程中的实证研究 [D].北京：首都体育学院，2021.

[5] 李文涛，公海娜，马敏.举国创新需求下体育院校大学生创新创业德育教育模式辩思 [J].山东体育科技，2020，42（06）：57-60.

[6] 苗春竹，徐海心，荆立新等.创新创业教育与高校体育经济与管理专业人才培养融合策略 [J].哈尔滨体育学院学报，2020，38（05）：64-69.

[7] 李丽."互联网＋"背景下高等体育院校创新创业教育的产教融合路径 [J].时代金融，2020（23）：169-170.

[8] 王世强，肖刚，盛祥梅等.我国体育院校创新创业教育的实施困境和应对策略 [J].体育科技，2020，41（04）：98-99+101.

[9] 陈芳，胡曦，李芳.基于"双创"能力培养的体育应用型人才教育

体系的思考 [J]. 武汉体育学院学报，2020，54（05）：70-74+87.

[10] 程彬. 体育专业大学生创新创业教育现状、存在问题及对策研究 [D]. 烟台：鲁东大学，2019.

[11] 张文才，何敏学. 地方体育院校"一体四课堂"创新创业教育的实践与思考—以吉林体育学院为例 [J]. 职业技术教育，2019，40（26）：60-63.

[12] 魏玉平. 体育院校创新创业育人机制探索与实践 [J]. 当代教育实践与教学研究，2019（16）：114-115.

[13] 武瑞. 高等体育院校健美操方向人才培养现状及模式研究 [D]. 济南：山东体育学院，2019.

[14] 王思明. "互联网＋"背景下高等体育院校创新创业教育的产教融合路径研究 [J]. 广州体育学院学报，2019，39（04）：125-128.

[15] 孟春雷，王琪. 我国高等体育院校创新创业人才培养模式研究 [J]. 安徽体育科技，2019，40（03）：69-71+76.

[16] 陈晓彬，郭艳艳. 体育院校大学生创新创业教育问题与对策研究 [J]. 当代体育科技，2018，8（35）：249-250.

[17] 文海荣. 众创背景下广东省体育院校创新创业教育中的问题与对策研究 [D]. 广州：广州体育学院，2018.

[18] 胡璨. 创客教育及其对我国高等体育院校创新创业教育的启示 [D]. 成都：成都体育学院，2018.

[19] 章翔. "互联网＋"背景下大学生创新创业教育探索—以体育专业为例 [J]. 石家庄学院学报，2017，19（06）：147-150.

[20] 刘旋，王秋月. 高等体育院校创新创业人才培养实践路径研究 [J].

天津市教科院学报，2016（04）：25-27.

[21] 黄汉升，陈作松，王家宏等．我国体育学类本科专业人才培养研究—《高等学校体育学类本科专业教学质量国家标准》研制与解读 [J].体育科学，2016，36（08）：3-33.

[22] 朱军，王丽芳，丁哲．体育院校创新创业教育体系构建研究 [J].当代体育科技，2016，6（13）：60-61.

[23] 杨玉．体育院校本科生创新创业人才培养体系构建研究 [J].中国轻工教育，2016（01）：61-63.

[24] 王洪彪，冯琰，赵洪朋．体育院校创新创业教育的现状与思考 [J].辽宁体育科技，2013，35（06）：82-85.

[25] 林晓光，刘振忠．体育院校创新创业教育课程内容与学习模型设计 [J].山东体育学院学报，2013，29（04）：109-112.

[26] 刘振忠，段斌，李继东．体育院校创新创业教育理论与实践研究 [J].河北体育学院学报，2012，26（06）：37-41.

[27] 吕圆苑．我国体育院校体育创业人才培养途径的研究 [D].上海：上海体育学院，2011.

[28] 刘振忠，周嫒，张功．高等体育院校创新创业教育行为评价体系的研究 [J].南京体育学院学报（社会科学版），2009，23（02）：99-103.

[29] 白杨著．体育院校大学生职业生涯规划与创业指导 [M].北京：北京体育大学出版社，2016.04.